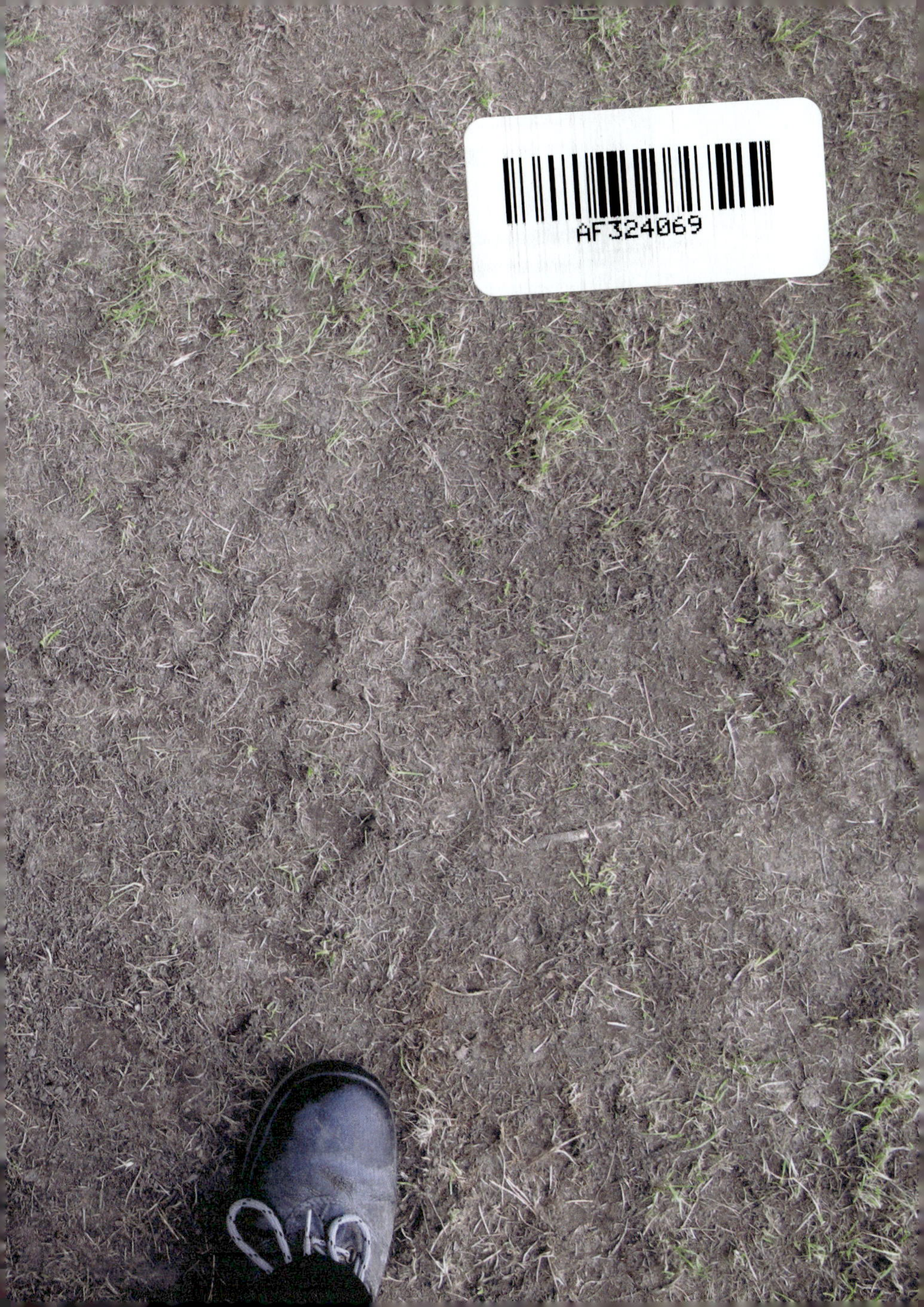
AF324069

bundesrasenschau
federal lawn show

ralf witthaus

bundesrasenschau
federal lawn show

DIE NEUE SACHLICHKEIT

inhalt
contents

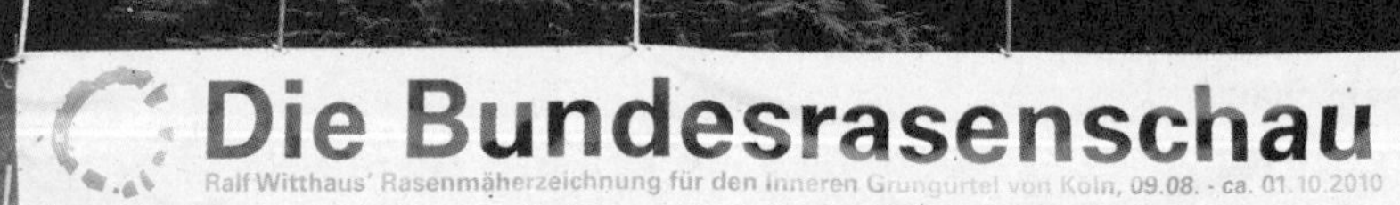
Die Bundesrasenschau
Ralf Witthaus' Rasenmäherzeichnung für den inneren Grüngürtel von Köln, 09.08. - ca. 01.10.2010

gerhard kolberg

rede zur feierlichen eröffnung am 13.08.2010 | speech at the grand opening on 8-13-2010

bundesrasenschau
federal lawn show

Ralf Witthaus zeichnet mit dem Rasenmäher!–Seine Zeichnungen im grünen Grase vereinen mehrere Aspekte der modernen Kunst: die öffentliche Aktion und die formreduziert gestaltende Minimal Art, die Land Art und das begehbare ›Environment‹ sowie die ortsbezogene künstlerische Spurensicherung. Letztere Kunstrichtung klärt über natur- und kulturhistorische Ursachen oder Zusammenhänge auf und lässt die Phänomene Zeit und Erinnerung in Gedanken anregender Weise wirksam werden. Insofern vermitteln Witthaus' Kunstwerke im öffentlichen Raum nicht nur den ästhetischen Dialog zwischen den geometrisch in den Rasen geschnittenen Formflächen und der auserwählten Topografie, sondern regen darüber hinaus zur aktiven Raumerkundung und zum Erforschen der spezifischen Geschichte des bezeichneten Ortes an.

Beispielsweise mähte der Künstler 2006 im Rahmen der alljährlichen Projekte *Vorgebirgspark-Skulptur* eine breite Schneise in das hohe Wiesengras der erwähnten großzügig angelegten Kölner Parkanlage, um deren fragenden Benutzern

Ralf Witthaus draws with a lawn mower! His drawings cut into green lawn combine various aspects of modern art: public action and minimal art, land art and the walkable 'environment', and last but not least location-related artistic securing of evidence. The latter throws light on natural, historical, and cultural origins or connections and impacts our thinking about the phenomena of time and memory. Witthaus's works of art in the public space don't merely act as agents in the aesthetic dialogue between the geometrically shaped areas cut into lawn and the selected topography, they inspire us to explore the spaces and the specific history of the locations he marks.

On the occasion of the annual exhibition project *Vorgebirgspark Sculpture* in 2006, Witthaus mowed a broad path through the high grass of the lavishly designed Cologne park in order for inquisitive park visitors to visualize the fact that a noisy concrete feeder road for the autobahn would have been built here if this highly political project from the 1960s had not been shelved! It is not clear to what extent Wolf Vostell's action

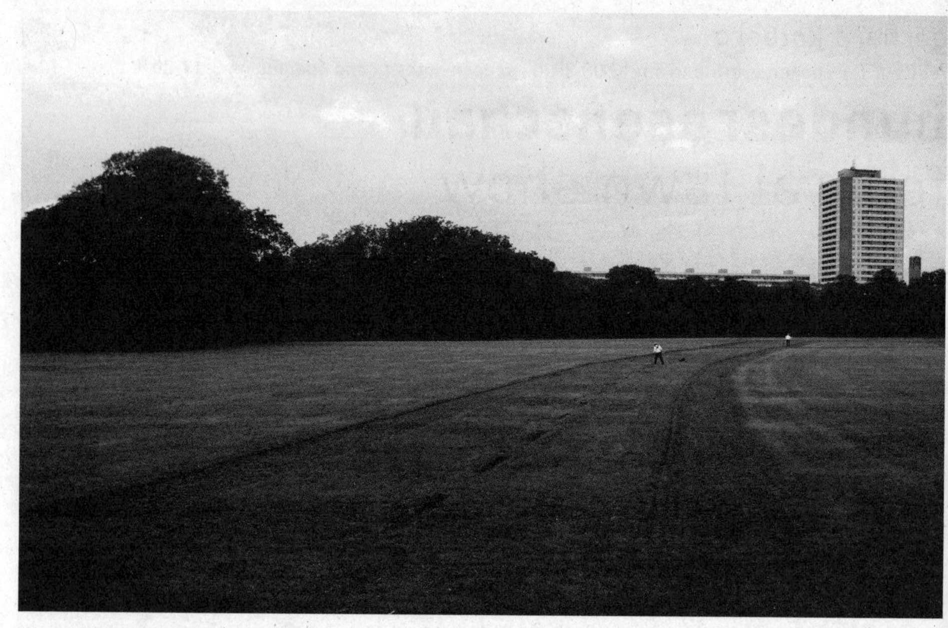

Vorgebirgspark-Skulptur, 2006

zu visualisieren, dass an diesem Ort seiner künstlerischen Mähaktion ein Autobahnzubringer aus festem Beton seine lärmende Bahn ziehen würde, wenn das amtlich geplante 1960er-Jahre-Projekt nicht einsichtig zu den Akten gelegt worden wäre! – Inwieweit Wolf Vostells Aktionsplastik *Ruhender Verkehr* von 1969, die heute harmlos den Mittelstreifen des Kölner Hohenzollernrings dekoriert, zur damaligen Entscheidungsfindung ideell beigetragen hat, ist nicht gewiss.

Längst ist auch über Witthaus' mähend gezeichnete Erinnerung an das besagte bauhistorische Phantom das Wiesengras gewachsen, denn alle Rasenmäherzeichnungen des Künstlers sind Kunstwerke auf Zeit, sind Gastspiele des Ephemeren an einem markanten Ort. Mithin werden die

sculpture *Ruhender Verkehr* (lit. *Resting Traffic*) from 1969, which now adorns the central reservation of Cologne's Hohenzollernring, contributed to this decision at the time.

Grass has long since grown over Witthaus's tribute to this historical event which he drew with the lawn mower, for all of the artist's lawn mover drawings are only temporary works of art, guest performances of the ephemeral at a distinctive location. The creative beginnings of the *Federal Lawn Show* project that we are inaugurating today will already be overgrown when—weeks later—he arrives with his lawn mower at the opposite end of the inner greenbelt, after having orbited Cologne in a semicircle.

gestalterischen Anfänge seines Projekts, das wir heute feierlich im Kölner Rheinpark eröffnen, bereits wieder zugewachsen sein, wenn er, viele Wochen später, mit seinem Rasenmäherteam am anderen Ende des Inneren Grüngürtels angelangt ist und Köln zeichnend halb umkreist hat.

Ralf Witthaus bezeichnet sein aktuelles topografisches Kunstwerk als *Bundesrasenschau*. Mit der dadaistisch anmutenden Namensgebung knüpft er thematisch an die erfolgreichen Kölner Bundesgartenschauen von 1957 und 1971 an. Beide Veranstaltungen gaben dem Rheinpark sein heutiges Gesicht, um dessen Erhalt, Attraktivität und gartenarchitektonische Ästhetik sich die ›Visagisten‹ des Kölner Grünflächenamts redlich bemühen.

Logisch nimmt daher der erste Streckenabschnitt des mehrere Kilometer langen Kunstwerks hier seinen Anfang. Zielstrebig weist die gemähte Linie von drei Metern Breite zur linken Rheinseite hin und fliegt, in Gedanken verlängert, zum zeitgenössisch orientierten Kölner Skulpturenpark hinüber, der wiederum zum Rheinpark mit seinen wertvollen Bronzeskulpturen zurückgrüßt, die Bildhauer der klassischen Moderne gestaltet haben.

Auch Witthaus darf als ›Bildhauer‹ bezeichnet werden; zumindest als ein bildender Künstler, der dreidimensionale, lineare und geometrisch-figurierte Zeichnungen, genauer: flache Bodenreliefs in die Grünflächen des öffentlichen Raums schneidet. Insofern ist er eher ein Sculpteur denn ein bauender Plastiker zu nennen, weil er während des unkonventionellen Gestaltungsprozesses das natürlich gewachsene

Ralf Witthaus calls his most recent project the *Federal Lawn Show*. With this almost Dadaist title, he establishes a thematic connection to the successful Federal Garden Shows which Cologne hosted in 1957 and 1971. Both events shaped the present design of the Rheinpark, the preservation, attractiveness, and garden architectural aesthetics of which lie in the hands of the 'makeup artists' of the Cologne Department of Parks.

The first part of Witthaus's work, which is several kilometers long, begins right here. The three-meter-wide line points straight to the left bank of the Rhine and continues in our minds to Cologne's Sculpture Park dedicated to the exhibition of contemporary sculpture, which in turn bows to the Rheinpark, with its valuable bronzes created by sculptors of classical modernism.

Witthaus, an artist who cuts three-dimensional, linear, and geometrical drawings or, more precisely, flat reliefs into green surfaces of the public space, may also be called a 'sculptor' or rather a 'sculpteur' who does not construct, but, with his rather unconventional work method, removes his naturally growing material like Michelangelo who also saw his famous David enclosed in the raw marble long before he freed him from his stone enclosure. Witthaus, too, envisions his next drawing already hidden in the grassy surface of the places that he carefully selects and examines.

The Cologne artist measures and sketches his drawings meticulously in scale with the surrounding environment before he begins to cut out the work. And as soon

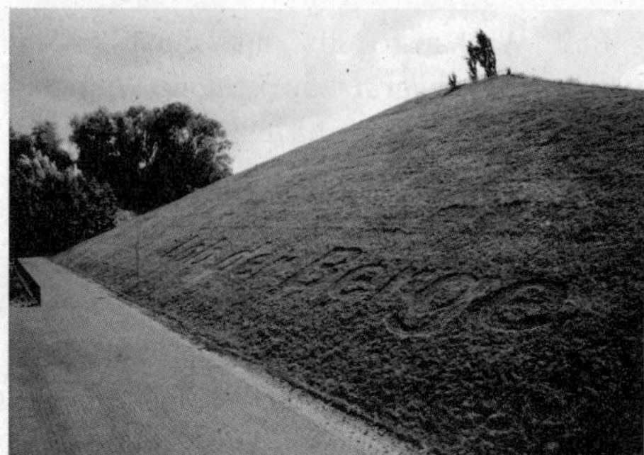

Lob der Berge, Nordhorn, 2005

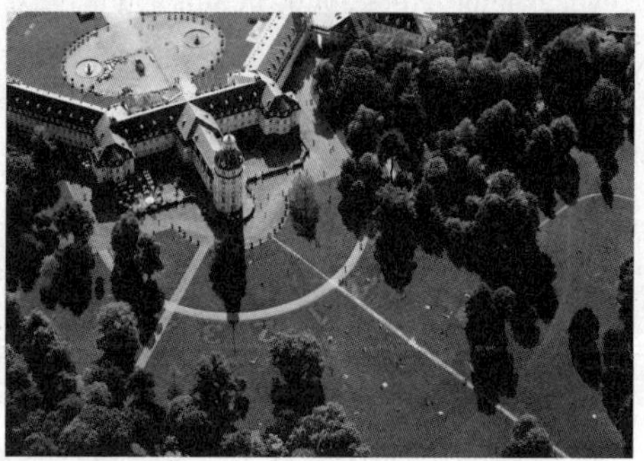

Die Welt ist eine Scheibe, oder: Die Karlsruher
Sonnenuhr, Karlsruher Schloss, 2007

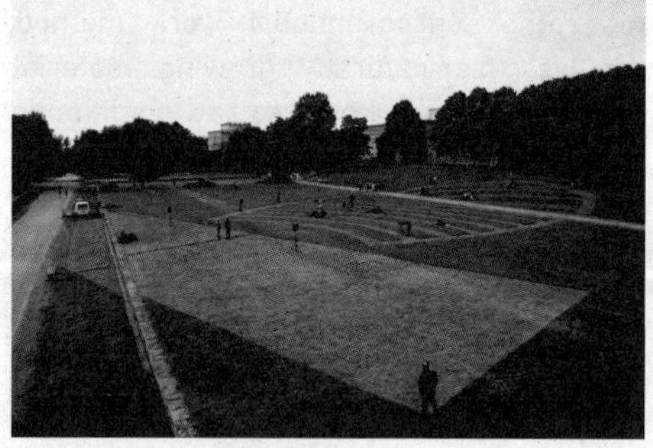

Das Richard-Wagner-Denkmal, oder:
Das Leipziger Festspielhaus,
Richard-Wagner-Hain Leipzig, 2008

Material abträgt, als wäre er Michelangelo. Und so ähnlich, wie dieser seinen berühmten *David*, rein imaginär, längst im rohen Marmorblock eingeschlossen sah, noch bevor er ihn aus seinem steinernen Gefängnis befreite, sieht auch Witthaus seine zukünftige Zeichnung in der Grasfläche des erwählten und gründlich ergründeten Tatortes verborgen.

Akkurat skizziert und vermisst der Kölner Künstler ihren dimensionalen Bezug zum gestalteten Umraum, englisch ›Environment‹, bevor er seine Arbeit als Schnitter beginnt. Kaum ist das Werk vollbracht, wächst sein Gestaltungsmaterial schon wieder nach und löscht das künstlerische Ergebnis wieder aus. Welch eine surreale Vorstellung, auch toter Stein wüchse ebenso gleichmütig wieder nach! Dann stünde heute nur der berühmte verhauene Marmorblock in Firenze und Michelangelo wäre zum Formminimalisten geworden!

Wir sehen: Die *Bundesrasenschau* ist ein ökologisches Kunstwerk, das keine reifen Kornfelder für einen esoterischen Spuk zertritt. Ganz im Gegenteil! Es lenkt unser Augenmerk sowohl auf die Schönheiten der gewachsenen als auch auf die der gärtnerisch gestalteten Natur. Ganz beiläufig erinnert es auch daran, einmal nachzufragen, wann der Innere Grüngürtel Kölns gestaltet wurde, durch den Witthaus seine flüchtige Spur ziehen wird, und was vorher an seiner Stelle gewesen war. Ebenso wirft es die drängende Frage nach seinem weiteren substanziellen Erhalt auf und danach, die wie die nähere Zukunft von Erholung bietender Natur im Kölner Stadtbild wohl

as he has completed it, his material grows back and erases the artistic creation. What a surreal notion it would be to imagine that dead stone would imperturbably grow back! Then Michelangelo's marble block would now adorn *David's* place in Florence and Michelangelo himself would formally find himself among the minimalists!

The *Federal Lawn Show* is an ecological work of art that does not crush ripe cornfields for some esoteric spook. On the contrary! The show directs our attention to both the beauty of natural growth and nature that has been shaped by horticulturists, reminding us to question when Cologne's inner greenbelt through which these elusive traces run was created and what was there before. But it also leads us to the pressing question of how it can be preserved in its substance. And furthermore what will happen to the leisure-providing natural green areas that adorn Cologne's cityscape, of which there are many that are well worth seeing?

The *Federal Lawn Show* is a 'work in progress'. As an art action, the *Federal Lawn Show* extends across several sections of the city's greenbelt, moving through time and space and drawing the spectator's attention deliberately to the creative process. The path is the purpose! For Witthaus, the work phase amidst the freshly cut fragrant hay is the actual artwork, when the camouflage of the growing grass is cut away, revealing to the spectator most visibly the freshly cut, three-meter-wide paths and when both the curious and the skeptical engage the artist in conversations wanting to know whether his agricultural happening is art and whether it is realized in the most cost-effective way because it is officially sponsored.

With their festive black and white work clothes, the artist and his assistants signal conscientiously that their action is dedicated solely to art. Their mowing action which shapes the landscape is serenely embellished by the orange shirts of helpers that Fordwerke AG Cologne, one of the project's sponsor, has provided. Large safety goggles seek to protect the working protagonists against swirling bio-particles and by association may hint at an expectation of great speed, but the motor sound of the new lawn mowers is more about work efficiency rather than modern speed. In contrast, the manual gathering of the fresh hay with quiet

aussehen wird, das ja nicht arm an sehens-
werten Grünanlagen ist?

Die *Bundesrasenschau* ist ›work in
progress‹. Als Kunstaktion, die sich über
mehrere Streckenabschnitte durch Zeit und
Raum arbeitet, schließt sie das Machen unter den Augen der Betrachter bewusst mit
ein. Der Weg ist das Ziel! Insofern bedeutet
für Witthaus die Arbeitsphase der gestal-
tenden und würzigen Duft verbreitenden
Heumaat das eigentliche Kunstwerk, wenn
sich in der Camouflage des Graswuchses
die frisch geschnittenen, drei Meter breiten
Wege dem Publikum noch am sichtbarsten
offenbaren und der Künstler sowohl mit
neugierigen als auch mit skeptischen Men-
schen ins Gespräch kommt, die zuweilen
von ihm wissen wollen, ob sein landwirt-
schaftliches Happening auch Kunst sei und,
wenn schon amtlich gefördert, auch mög-
lichst kostengünstig vonstatten gehe?

Bewusst signalisieren der Künstler und
seine Assistenten mit ihrer feierlichen
schwarz-weißen Arbeitsbekleidung, dass
sie eine außergewöhnliche, allein der
Kunst dienende Tat leisten. Ihre derzeitige
raumgestalterische Mähaktion wird von
den orangefarbenen Hemden jener Helfer
ästhetisch aufgeheitert, die einer der Sponsor des Kunstprojekts, die Kölner Fordwerke AG, bereitgestellt hat. Die großen
Schutzbrillen der arbeitenden Protagonis-
ten, aufgesetzt zur Abwehr aufgewirbelter
Bio-Teilchen, mögen assoziativ die Erwar-
tung von großer Geschwindigkeit erwecken,
doch ist das Motorengeräusch der neuen
Rasenmäher weniger der modernen Eile als
der Arbeitseffizienz verpflichtet. Dementge-
gen mutet das manuelle Zusammenkehren

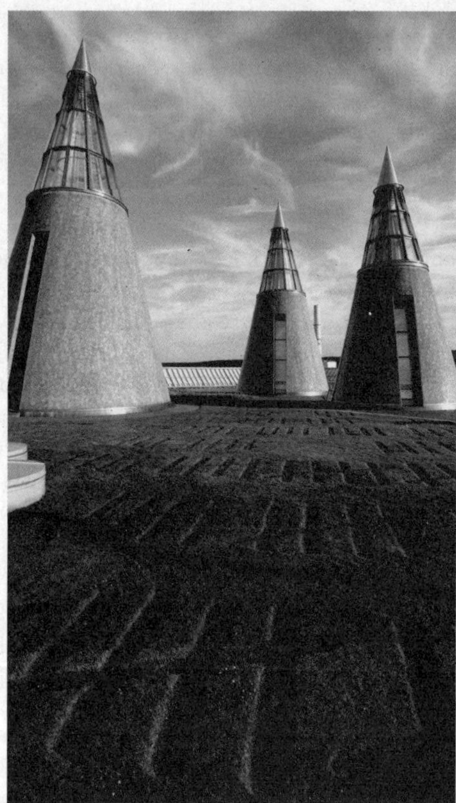

Qualitätsnachweis, Dach der
Bundeskunsthalle Bonn, 2010

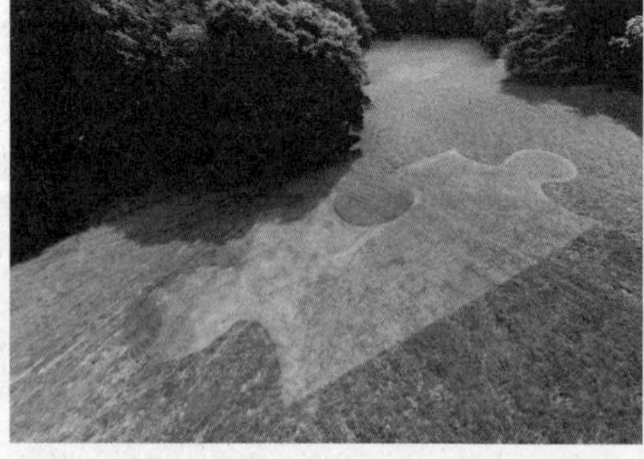

Ornamental Farm, Aachener Müschpark, 2008

des frischen Heus mit stiller wirkenden Stahlrechen wie eine Reminiszenz an die falsche Romantik vom naturnahen Bauernleben an.

Um den Schnitterspuren im Wiesengras in wenigen Wochen noch folgen zu können, ist schon der Spürsinn eines Indianers gefordert. Denn der sichtbar gewordenen Grasnarbe entsprießen die frischen Halme mit Macht. Schnell werden sich daher Ralf Witthaus' immaterielle Zeichnungen aus proportional zu den Grünflächen superfein gezogenen Linien im nachwachsenden Gras verflüchtigt haben; irgendwann auch in den Köpfen des Publikums, würde nicht eine Edition, ein später erscheinender Bildband und eine geplante filmische DVD, die Erinnerung an die *Bundesrasenschau 2010* wach halten. Denn Ralf Witthaus' Rasenmäherzeichnungen verdeutlichen uns ihre Vergänglichkeit umso augenscheinlicher, als wir ihr physisches Verblassen zeitlich überblicken können. Sehen wir hier also – neben der sinnliche und mobile Aktivität des Betrachters einfordernden Kunstaktion – auch das klassische kunst- und kulturhistorische Thema der ›Natura morta‹ zelebriert? – Wohl nur bedingt! Denn die *Bundesrasenschau 2010* vergeht faktisch durch ihr materielles Wachstum! Was wie ein Paradoxon erscheinen mag, wenngleich wie ein optimistisch stimmendes. Denn die nächste Rasenmäherzeichnung kommt und vergeht bestimmt!

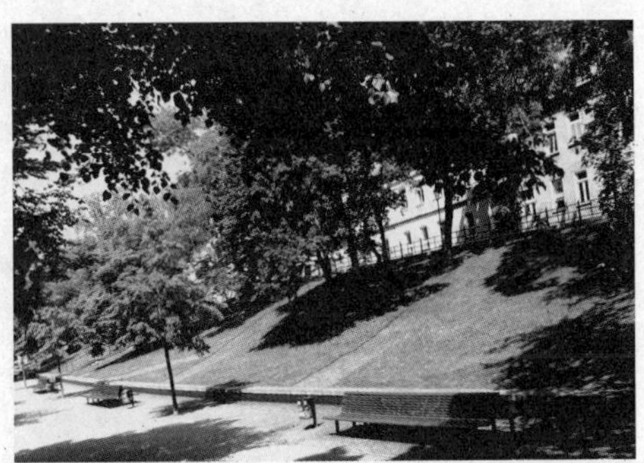

Rhythmisches Denkmal, Hansering Halle, 2009

steel rakes appears reminiscent of a false romanticism of farm life close to nature.

In a few weeks, it will take the instincts of an American Indian to follow the traces cut through the meadow in a few weeks will require an Indian's instinct. For the grass is regrowing forcefully on the uncovered sod. Ralf Witthaus's super fine, immaterial line drawings in the lawn would, in time, vanish from people's minds were it not for an edition, photographic documentationand a film on DVD which are to be published later that will keep the *Federal Lawn Show* 2010 awake in our memory. Ralf Witthaus's lawn mower drawings remind us more ostensibly of transience because we can actually observe their physical fading. Do we discover a celebration of the classical art historical theme of the 'nature mort' beyond the sensuous and mobile art action?—Only in a limited sense! For the *Federal Lawn Show* 2010 will vanish through its material growth! It may appear like a paradox, one that propitiates us. For the next lawn mower drawing will come and go for sure!

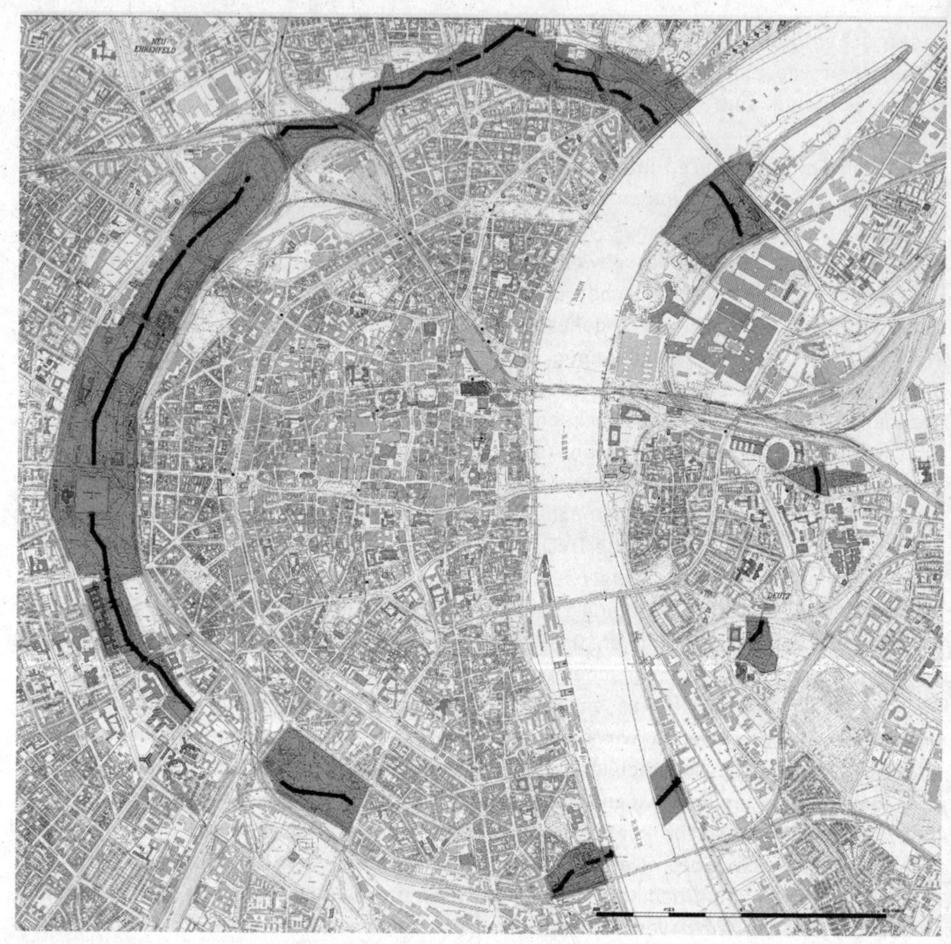

Bundesrasenschau – Weglauf gesamt

joachim bauer

innerer und äußerer grüngürtel
inner and outer greenbelts

Die Grundlagen für das heutige Grünsystem der Stadt Köln mit seinen Hauptelementen, dem Inneren und Äußeren Grüngürtel sowie den sie verbindenden Grünzügen, hängen eng mit der militärischen Entwicklung der Stadt zusammen und wurden Anfang der 1820er-Jahre gelegt. In diesem Zusammenhang mag ein kurzer Rückblick als Grundlage für die weiteren Ausführungen genügen.

Köln war seit seiner Gründung bis zum Ende des Zweiten Weltkrieges stets eine militärisch befestigte Stadt. Die in zeitlicher Abfolge immer weiter nach außen verlagerten Verteidigungsgürtel bestimmten wesentlich die jeweilige Stadtstruktur. So sind heute noch Reste der römischen sowie der ab 1180 errichteten mittelalterlichen Stadtmauer erhalten. Der Mauerkranz mit einst zwölf großen Torburgen und einem Graben erstreckte sich halbkreisförmig um das gesamte damalige Stadtgebiet entlang der inneren Wallstraßen bis etwa zur heutigen Ringstraße.

Mit der Besetzung Kölns durch die Preußen setzten ab 1815 umfangreiche

The foundation of Cologne's urban green space, with its main elements the inner and outer greenbelts and the connecting radial green axes, is closely interwoven with the city's military history. It dates back to the early 1820s.

From its founding until the end of WWII, Cologne has always been a militarily fortified city. The fortifications, which in the course of time expanded continuously beyond the city limits, fundamentally determined its urban structure. Even today, Roman ruins and parts of the medieval city wall, built in 1180, are still extant. The city wall, which was once furnished with twelve large fortified gates and a moat, then surrounded the entire urban area in a semicircle along the inner wall up to the present ring-road.

With the Prussian occupation of Cologne in 1815, substantial construction to develop the city into a fortress began. It started with the fortification of the medieval city wall and continued shortly afterwards with the allocation of a new 600 m wide defense area on the city's outskirts in addition to

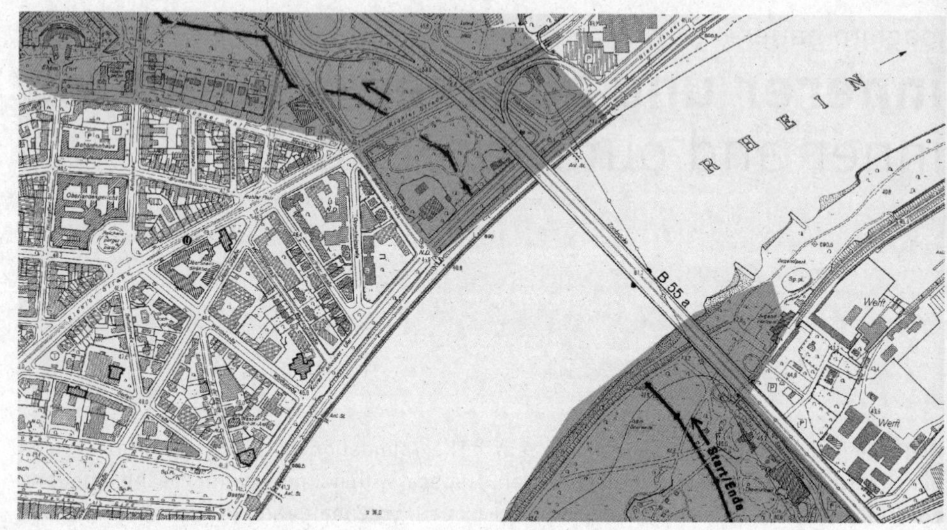

Bundesrasenschau – Weglauf (von rechts nach links):
Rheinpark, Skulpturenpark, Innerer Grüngürtel am Weinmuseum,
Innerer Grüngürtel am Eisstadion bis Lentstrasse

Baumaßnahmen zum Ausbau der Stadt als Festung ein. Waren es zunächst Maßnahmen zur Verstärkung der mittelalterlichen Mauer, so begann man kurze Zeit später mit der Errichtung einer 600 Meter stadtauswärts gelegenen neuen Verteidigungszone, bestehend aus einzelnen, voneinander getrennt gelegenen Festungswerken (Forts).

Die zu Beginn des 19. Jahrhunderts einsetzende Industrialisierung führte auch in Köln zu einem starken Bevölkerungsanstieg, doch war eine Ausdehnung der Stadt aufgrund des ausgebauten Befestigungsringes zunächst nicht möglich. Erst als die Stadtmauer und der vorgelagerte Fortgürtel der Entwicklung der neuen Schusswaffentechnik nicht mehr standhalten konnten, entschloss man sich zum Ende des

the construction of individual unconnected forts.

The early industrialization at the beginning of the 19th century increased Cologne's population substantially, but due to the heavy fortification belt, the city could not at first expand accordingly. Only in the late 19th century, when the city wall and its exterior fortification belt could no longer provide adequate resistance to new advanced weapon technology did the city council decide to abandon the fortifications.

Instead, a new inner and outer fortification belt was erected. The inner belt surrounded the city proper in a semicircle, including the new settlements (Neustadt) built since 1881 as well as a few forts from the former fortification belt. These forti-

19. Jahrhunderts, die Verteidigungsanlagen aufzugeben.

Ein neuer innerer und äußerer Festungsgürtel wurden angelegt. Der innere Befestigungsring umschloss halbkreisförmig das Gebiet der ab 1881 begonnenen Stadterweiterung (Neustadt) und bezog einige wenige Festungswerke des ehemaligen Fortgürtels mit ein. Die Befestigung bestand hier aus einer Umwallung, einem gemauerten Graben mit erdbedeckten Kasematten und einem davor liegenden, etwa 600 Meter tiefen Schussfeld, das von jeglicher Bebauung freigehalten wurde.

Der äußere Verteidigungsring wurde in einem Radius von 5,6 bis 7,7 Kilometer um den Dom auf beiden Seiten des Rheins angelegt. Er bestand aus einzelnen, voneinander getrennt liegenden Fortanlagen und Zwischenwerken sowie einem vorgelagerten freien Schussfeld. Es entstanden zunächst zwölf große Forts und 23 kleinere Zwischenwerke. Sie wurden durch verschiedenartige kleinere Werke verstärkt, so dass zu Beginn des Ersten Weltkrieges der 42 Kilometer lange Fortgürtel insgesamt 182 Werke umfasste. Köln war damit zur größten und mächtigsten Festung im Deutschen Reich geworden.

Doch schon kurze Zeit nach Anlage des inneren Festungsringes zeigte sich, dass dieser das stetige Wachstum der Stadt behinderte. Nach langwierigen Verhandlungen mit dem preußischen Kriegsministerium gelang es der Stadt 1907, die Festungseigenschaft Kölns aufzuheben und dieses der Neustadt vorgelagerte Gelände, 86 Hektar links- und 37 Hektar rechtsrheinisch, für circa 23 Millionen Mark zu kaufen.

fications were comprised of a surrounding wall, a brick-fortified moat with soil-covered casemates, and an approximately 600-meter-deep firing range located directly in front of them, in an area that had previously been exempt from construction activity.

The outer fortification ring, extending in a radius of 5.6 to 7.7 kilometer (approx. 3.5 to 4.8 miles) from the cathedral on both sides of the river Rhine, consisted of individual, unconnected forts and smaller fortifications as well as a firing range directly in front of it. Twelve large forts and 23 smaller fortifications were added so that, by the outbreak of WWI, the 42-kilometer-long (approx. 26-mile-long) belt comprised a total of 182 fortifications. Cologne had become the largest and most fortified city in the German Empire.

Soon after the inner fortification belt had been constructed, it became clear that it impeded upon the city's steady population growth. After long negotiations with the Prussian War Ministry, in 1907 the city managed to give up its fortification status and purchase this area of 86 hectares (212.51 acres) on the left and 37 hectares (91.42 acres) on right bank of the Rhine that was located directly in front of the 'new city' for approximately approx. 23 million marks.

Carl Rehorst, who became director of urban planning and development in 1907,[1] prepared a general urban development plan for this public land in the years 1909/10 and 1912. This plan envisaged the construction of one- or two-story villas, but was strongly opposed by the private

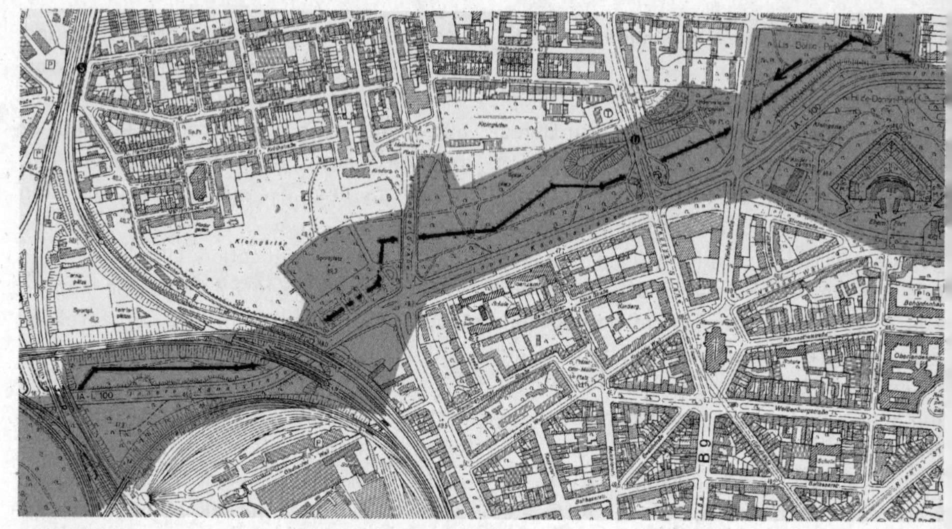

Bundesrasenschau - Weglauf (von rechts nach links):
Liz-Böhle-Park, Innerer Grüngürtel zwischen Neusser Straße und Merheimer Straße
an der Inneren Kanalstraße, Alhambra, Innerer Grüngürtel zwischen den Bahnlinien

Carl Rehorst, seit 1907 Stadtbaumeister in Köln,[1] erstellte in den Jahren 1909/10 sowie 1912 einen Bebauungsplan für das frei gewordene Gelände. Dieser Plan sah eine ein- bis zweigeschossige Villenbebauung dieses Gebietes vor, wogegen sich jedoch der Widerstand der privaten Grundbesitzer formierte, die eine solche Art der Bebauung für unwirtschaftlich sowie als Einschränkung empfanden. Somit verzögerte sich die Verwirklichung der Planung, bis diese durch den Ausbruch des Ersten Weltkrieges gänzlich gestoppt wurde.

Vor allem Konrad Adenauer, seit 1919 Oberbürgermeister von Köln, ist es zu verdanken, dass der von Rehorst aufgestellte Bebauungsplan nach dem Krieg endgültig aufgehoben und durch einen neuen ersetzt

landowners who considered this type of housing uneconomical and restrictive. This led to delays in its realization and it was terminated completely with the outbreak of WWI.

Due in particular to Konrad Adenauer, who had become Lord Mayor of Cologne in 1919, Rehorst's plan was abandoned and replaced by a new plan after the war. Adenauer planned to build necessary parks on this vacant land in the immediate vicinity of the densely populated inner city. In 1919, he organized a limited competition, in which Cologne's inspector of urban planning and development Alfred Stooß (in collaboration with horticulturist Encke), Professor Hermann Jansen (Berlin) and Hamburg's director of urban planning, Fritz Schumacher,

wurde. Adenauers Ziel war es, auf den unbebaut gebliebenen Flächen die für Köln notwendigen Parkanlagen in unmittelbarer Nähe der dicht besiedelten Innenstadt zu schaffen. Zur Verwirklichung dieser Idee wurde 1919 ein beschränkter Wettbewerb durchgeführt, an dem der Kölner Städtebauinspektor Alfred Stooß (in Zusammenarbeit mit Gartendirektor Encke), der Berliner Professor Hermann Jansen und der Hamburger Baudirektor Fritz Schumacher teilnahmen. Ein vorwiegend aus Nichtfachleuten zusammengesetzter Gutachterausschuss prämierte den Vorschlag von Schumacher. Ende 1919 folgte die Kölner Stadtverordnetenversammlung diesem Votum und beschloss, den Entwurf als Grundlage für die Aufstellung eines neuen Bebauungsplanes zu wählen. [2]

Das grundlegende Element von Schumachers Plan war ein zusammenhängender Grüngürtel, bestehend aus einer Abfolge architektonisch gestalteter Grünräume, der annähernd die gesamte Innenstadt umspannte. [3] Von diesem Grüngürtel ausgehend, verband ein ebenfalls streng architektonisch gefasster Grünzug, der Lindenthaler Kanal, die Innenstadt mit dem Stadtwald. Eine Ergänzung fand diese radiale Verbindung durch den Friedhof Melaten, der nach seiner damals geplanten Auflassung in eine öffentliche Grünfläche umgewandelt werden sollte.

Schumacher hatte bei seinem Entwurf vor dem Problem gestanden, dass durch den Bebauungsplan von Rehorst bereits bestimmte Bodenwerte für das Wettbewerbsgebiet festgelegt waren und so der Konzeption eines durchgehenden Grünzugs

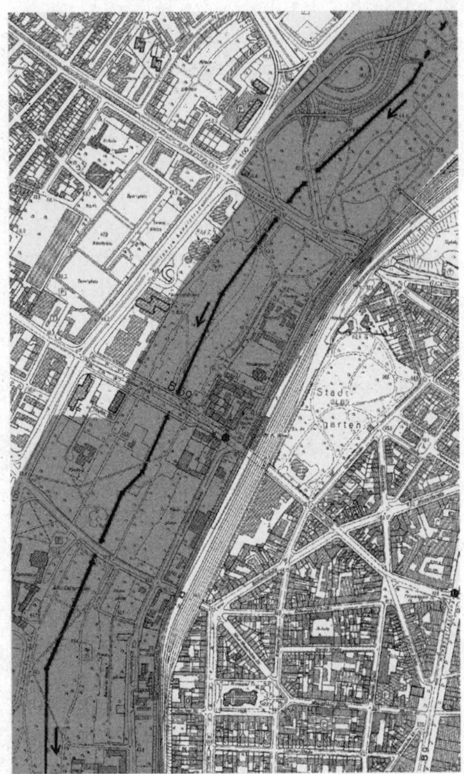

Bundesrasenschau – Weglauf:
Talsohle Herkulessberg, Fernsehturm-Wiese,
Innerer Grüngürtel zwischen Venloer Straße,
Vogelsanger Straße und Aachener Straße

participated. An advisory committee of mostly non-professionals chose Schuhmacher's proposal. The city council passed this vote into law at the end of 1919 and adopted the design as the groundwork for a new general urban development plan. [2]

The basic element of Schumacher's plan was a continuous greenbelt, comprising a series of architecturally designed parks

zunächst Grenzen setzten. Dennoch schaffte er es, nahezu 50 Prozent des Geländes zur Anlage öffentlicher Straßen, Plätze, Grün- und Wasserflächen auszuweisen. Voraussetzung hierfür war die Verabschiedung eines eigens auf die Kölner Verhältnisse abgestimmten Sondergesetzes, das Adenauer bei der preußischen Regierung erwirkt hatte und mit dessen Hilfe die notwendigen Umlegungsverfahren durchgeführt werden konnten.

Adenauer gelang es auch, Schumacher für drei Jahre von seiner Hamburger Funktion beurlauben zu lassen und ihn für diesen Zeitraum an Köln zu binden. Im August 1920 wurde der Städtebauer als Beigeordneter der Stadt angestellt und hatte bis September des Jahres 1923 die Oberleitung über das Hochbau-, Tiefbau-, Maschinenbau- und Städtebauamt. Nachdem er seinen Wettbewerbsentwurf überarbeitet hatte, konnte im September 1921 mit der Umlegung der Grundstücke begonnen werden.[4]

Die planerischen und gestalterischen Vorgaben für die Umsetzung der Grünanlagen wurden von Schumacher und seinem *Technischen Dezernatsbüro* selbst erarbeitet. Dem Gartenamt unter der Leitung von Encke und insbesondere der Entwurfsabteilung unter der Leitung von Nussbaum oblag lediglich die ›künstlerische und technische Bearbeitung der Ausführungspläne‹.[5]

Im Jahre 1922 waren die vom Liegenschafts- und Landwirtschaftsamt durchgeführten vermessungstechnische Arbeiten zur Absteckung der geplanten Grünflächen im Gelände beendet. Noch im selben Jahr

that was to surround almost the entire city.[3] Extending from this greenbelt on an also strictly architecturally designed green axis, the Lindenthal canal connected the inner city with the Stadtwald (urban forest). This radial axis was to be complemented by the Melaten cemetery, which was to be transformed into a public green space after its planned closure.

In his design, Schumacher was confronted with the problem that Rehorst's development plan had already assigned certain land values to the competition area, which limited the realization of a continuous greenbelt. This notwithstanding, he managed to allot almost 50 percent of the area to the construction of public roads, squares, green areas, and water areas. This was only possible on the premise that a law be passed that was specifically tailored to the conditions of Cologne, which Adenauer had negotiated with the Prussian government. This law initiated the execution of the necessary reallocation processes.

Adenauer also negotiated a three-year leave of absence for Fritz Schuhmacher from his duties in Hamburg and employed him as his urban development planner in August of 1920. As the deputy planner he was responsible for the departments of structural, underground and mechanical engineering as well as urban construction until September 1923. After a revision of his competition concept, the reallocation of the building plots could begin.[4]
The planning and design standards for the realization of the green spaces were developed by Schuhmacher and his technical

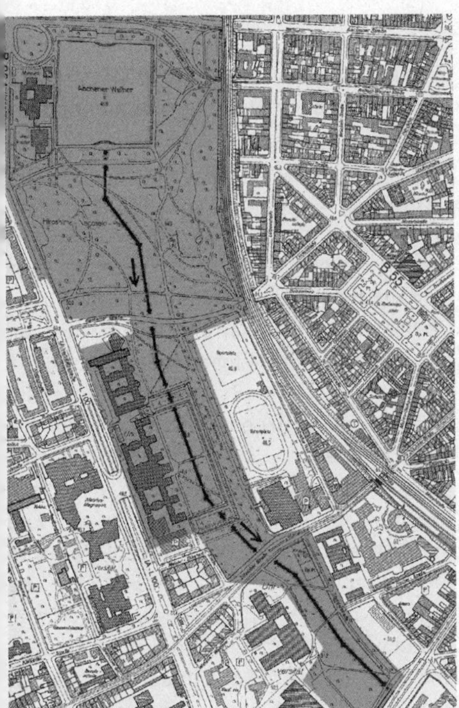

Bundesrasenschau – Weglauf:
Aachener Weiher, Hiroshima-Nagasaki-Park/
Aachener Berg, Innerer Grüngürtel an der
Bachemer Strasse, Universitätswiese,
Innerer Grüngürtel zwischen Zülplicher Straße
und Luxemburger Straße

department.' The horticulture department under director Encke and especially the design department under director Nußbaum were only responsible for the 'artistic and technical treatment of the execution plans.'[5]

In 1922, the municipal real estate and agricultural departments completed surveying the allotted green areas. That same year, the horticulture department began with the preparation for the construction of playgrounds and commons, smaller parks, and a system of paths as well as the planting of trees in the segments between Venloer and Subbelrather Straße as well as between Venloer Wall and Ehrenfeld.[6] The high unemployment rate after the war had a positive impact on the execution of this in that the city council was able to utilize unemployment benefits, financed by the Reich. These funds allowed for the employment of at times up to 3,000 workers in the construction of the greenbelt.[7] The entire greenbelt comprising a total area of 85 hectares (212.51 acres) was completed in 1924.[8]

In subsequent years, changes were made in various subareas. Due to the new construction of the university in 1929 and 1933, the greenbelt between Bachemer and Zülpicher Straße was redesigned a festival and parade ground was built and between Aachener Weiher and Bachemer Straße in 1937/38 based on plans produced by the horticulture department.[9]

The green spaces of the inner greenbelt remained the only elements of Schuhmacher's plan to be realized until WWII. With the exceptions of a few buildings, the outbreak

konnte die Gartenbauabteilung des Gartenamtes in dem Abschnitt zwischen Venloer und Subbelrather Straße sowie Venloer Wall und Ehrenfeld mit den ersten Arbeiten zur Anlage von Spiel- und Volkswiesen, kleinen Schmuckanlagen, Wegen und Baumpflanzungen beginnen.[6] Die hohe Arbeitslosigkeit in jener Zeit wirkte sich insofern besonders günstig auf die Umsetzung aus, als der

Stadtverwaltung die Erwerbslosenfürsorge, die mit Reichsmitteln finanziert wurde, oblag. So konnten zeitweise bis zu 3.000 Arbeiter für den Ausbau des Grüngürtels beschäftigt werden.[7] 1924 war der gesamte Grüngürtel mit einer Gesamtfläche von 85 Hektar vollendet.[8]

In den folgenden Jahren kam es zur Veränderung einzelner Teilbereiche. So wurde aufgrund des Neubaus der Universität in den Jahren 1929 und 1933 der Bereich zwischen Bachemer und Zülpicher Straße umgestaltet, und im Bereich zwischen Aachener Weiher und Bachemer Straße wurde in den Jahren 1937/38 ein Fest- und Aufmarschplatz nach Plänen des Gartenamtes angelegt.[9]

Die Grünanlagen des Inneren Grüngürtels blieben bis zum Beginn des Zweiten Weltkrieges die einzigen Elemente des Bebauungsplanes von Schumacher, die in die Realität umgesetzt wurden. Der Ausbruch des Krieges und das bis 1954 laufende Umlegungsverfahren[10] verhinderten, dass auch die geplante Bebauung – abgesehen von wenigen Einzelbauten – verwirklicht werden konnte.

Obwohl die Bombenabwürfe im Zweiten Weltkrieg weite Teile des Gürtels zerstörten, blieb dieser in seiner Grundstruktur dennoch erhalten. Umso mehr verwundert es, dass er sich heute völlig anders darstellt. Von der ursprünglichen Planung blieben lediglich die gärtnerischen Anlagen am Fort X in der Nähe des Eisstadions, die Alhambra zwischen Escher und Merheimer Straße sowie die Grüngestaltung hinter dem Universitätsgebäude erhalten.

of the war and the drawn-out reallocation process which lasted until 1954[10] prevented the realization of his development plan.

Although the bombardments in WWII destroyed extensive parts of the greenbelt (aerial shot), its basic structure remained intact. Nevertheless, it is striking how completely different the structure is today. Of the original plans, only the garden architecture of Fort X (near the ice rink), the Alhambra (between Escher and Merheimer Straße) and the green areas behind the university remain.

There are various reasons for this.[11] The most important aspect was the fact that the situation no longer conformed to the concept of general urban planning and horticulture in the postwar era, which was based on the overall notion of a structured and relaxed city.[12] Schuhmacher's concept of architecturally structured green spaces was replaced in favor of a broad, continuous, and landscaped greenbelt.

Furthermore, the municipal real estate department had already begun to purchase land in the reallocation areas in the 1920s. During and after WWII, many landowners were forced to sell their land such that municipal real estate holdings steadily grew.[13]

This ownership gave the city the opportunity to use the massive inner-city debris (caused by the bombardments in WWII) as landfill for artificial hills on the inner greenbelt. The required planning provided the opportunity to redesign the entire area and to realize a broad continuous greenbelt on mostly public land. The revised urban development plan and the major building-up

Die Gründe hierfür lassen sich auf verschiedene Aspekte zurückführen.[11] Von grundlegendem Einfluss war die Tatsache, dass die vorgefundene Situation nicht mehr der allgemeinen städtebaulichen und grünplanerischen Auffassung der Nachkriegszeit entsprach, die unter dem Leitbild der gegliederten und aufgelockerten Stadt zusammengefasst werden kann.[12] Man wandte sich ab von den architektonisch gegliederten Grünräumen, wie sie Schumacher vorsah und hin zu einem breiten, durchgängigen und landschaftlich gestalteten Grüngürtel.

Hinzu kam der Umstand, dass das städtische Liegenschaftsamt schon in den 1920er-Jahren mit dem Ankauf von Grundstücken im Umlegungsgebiet begonnen hatte. Während und nach dem Zweiten Weltkrieg waren darüber hinaus viele Besitzer gezwungen, ihre Grundstücke zu verkaufen, so dass der städtische Besitz stetig zunahm.[13]

Diese Tatsache schaffte wiederum erst die Voraussetzung dafür, dass ein Großteil der Trümmermassen aus der Innenstadt durch Aufschüttung von Hügeln im Inneren Grüngürtel untergebracht werden konnte. Im Rahmen der hierdurch erforderlich gewordenen Neuplanung bestand nun die Möglichkeit, den gesamten Bereich zu überplanen und einen breiten zusammenhängenden Grüngürtel auf den zum größten Teil im öffentlichen Besitz befindlichen Flächen zu realisieren. Durch diese Überplanung und die großflächige Anschüttung des Aachener- und des Herkulesberges wurden Teilbereiche wie die schon ausgebauten Wiesen an der Herkulesstraße und der of the Aachenerberg and the Herkulesberg hills destroyed parts of the already developed greens on Herkulesstraße as well as the festival and parade ground on Bachemer Straße. It also caused design changes in other areas.

In other areas, construction was impeded by illegally erected commercial and residential buildings. However, the unanimous political will insisted that these buildings be removed to 'restore this beautiful area.'[14] In the early 1960s, the removal of war damage, the extension of the greenbelt, and the covering of the mounds of war debris with lawn and greenery was essentially completed. In subsequent years, only a few individual extensions and reconstructions were made.

Simultaneously with the creation of an urban development plan for the inner fortification ring, Schuhmacher had begun to develop ideas for a system of green spaces throughout the city. Even before WWI, Rehorst, Stooß, and horticulture director Encke had recognized the basic concept and need for a continuous greenbelt.[15] But it was Konrad Adenauer together with Fritz Schumacher who in 1923 established a general urban development plan for Cologne into which his notion of an integrated and organic city design with extended green space for the citizens could be integrated.

For this achievement, Adenauer was appointed honorary member of the German Society of Horticulture in 1927. The explanatory statement read: 'Lord Mayor, Dr. Adenauer, has, through collaboration

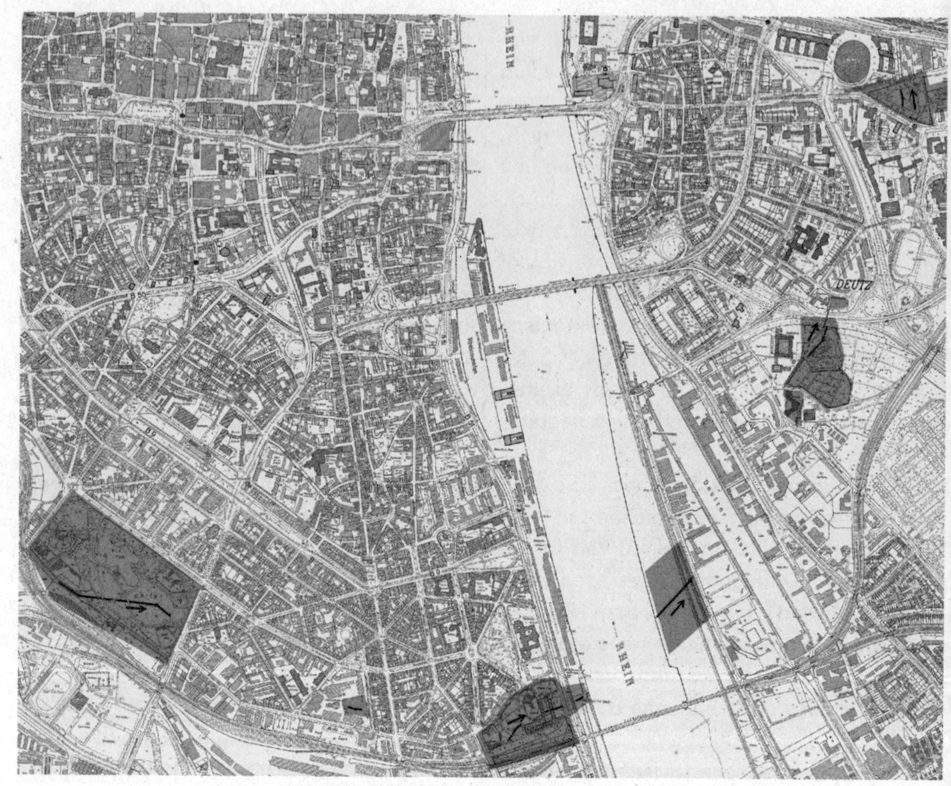

Bundesrasenschau – Weglauf: Volksgarten, Wiese am Alten Wasser- und Elektrizitätswerk der RheinEnergie AG am Bonner Wall, Friedenspark, Poller Wiese, Deutzer Stadtgarten, Alter Deutzer Friedhof, sowie Abschluss an der Anfangsmarke im Rheinpark, Abb. Seite 16

Fest- und Aufmarschplatz an der Bachemer Straße vollständig vernichtet und andere Teilbereiche in ihrer Gestaltung vollkommen verändert.

Der Ausbau des neuen Grüngürtels wurde in einigen Abschnitten zunächst durch illegal errichtete Gewerbe- und Wohnbauten erschwert. Jedoch bestand der einhellige politische Wille, diese Aufbauten zu entfernen und ›dieses schöne Gebiet wieder in

on the Reich's laws regarding the construction of the inner and outer fortification belt in Cologne, opened up new opportunities for the urban planning and development of free green spaces in Cologne whose extent will be unique in Germany, if not in the entire world. Adenauer's new concept for the artistic design of public green spaces and their dedication to the well-being of the citizens of large cities is

Ordnung zu bringen‹,[14] so dass Anfang der 1960er-Jahre die Beseitigung der Kriegsschäden sowie der Ausbau des Grüngürtels und die Begrünung der Trümmerberge im Wesentlichen abgeschlossen werden konnten. In der Folgezeit kam es vereinzelt zu kleinflächigen Erweiterungen und Umgestaltungen, auf die hier nicht näher eingegangen werden kann.

Zeitgleich mit der Aufstellung des Bebauungsplanes für den Bereich des inneren Festungsringes hatte Schumacher mit den Überlegungen zu einem Grünsystem für das gesamte Stadtgebiet begonnen. Die Grundidee und die Notwendigkeit für eine solche zusammenhängende Grünraumplanung hatten schon vor dem Ersten Weltkrieg Rehorst, Stooß und Gartendirektor Encke erkannt.[15] Es gelang aber erst Adenauer zusammen mit Schumacher 1923, einen Generalbebauungsplan für das gesamte Stadtgebiet zu erarbeiten, in den Adenauers Ideal einer einheitlichen und organischen Stadtgestalt mit umfangreichen Grünflächen für die Bewohner einfließen konnte.

Für diese Leistung wurde Adenauer 1927 zum Ehrenmitglied der Deutschen Gesellschaft für Gartenkunst ernannt. Zur Begründung hieß es: ›Herr Oberbürgermeister Dr. Adenauer hat durch seine Mitarbeit bei Schaffung der Reichsgesetze für den Ausbau des Inneren und Äußeren Kölner Festungsgürtels dem Städtebau und dem Freiflächenwesen in Köln Möglichkeiten erschlossen, wie sie in ähnlichem Ausmaße bis jetzt in Deutschland, wenn nicht in der Welt, einzig dastehen. Die für die künstlerische Ausgestaltung öffentlicher

unparalleled. His name will remain connected with the beginning of this new development phase of green space management for ever.'[16]

Schuhmacher's general development plan which today would be described as an 'urban development and land use plan' provided Cologne with a long-term urban-development concept for the first time. The inner and outer fortification belts determined the foundation of the future green space system. In order to break up the concentric structure, the two greenbelts were to be connected through radial green axes in order to transform the circular system into a wheel-like structure. These green ›spokes‹ which connect the inner and outer greenbelt on the left bank of the Rhine and extend from there outwards to the conurbation areas, were also intended to structure the development of suburban municipalities. In contrast, on the right bank of the Rhine, where the river runs closer to the greenbelt, the radial axes were to establish a connection between the city's greenbelt with the nearby forest areas of the Bergisches Land.

In accordance with the specifications of the general urban development plan, the outer greenbelt was to be established on the grounds of the outer fortification belt. Because of its military usage, this area had remained unimproved and was well suited to be transformed into a greenbelt. Adenauer attributed a particularly high priority to this development as the following quotation reveals: 'Now is the time to decide whether Cologne shall become a

Grünanlagen und ihre Auswertung zum Wohl der Großstadtbevölkerung von ihm gewiesenen neuen Wege lassen infolge ihrer Vorbildlichkeit erwarten, dass sein Name mit dem Beginn eines neuen Entwicklungsabschnittes im Grünflächenwesen dauernd verknüpft bleibt‹.[16]

Mit dem von Schumacher erarbeiteten Generalbebauungsplan, den man heute als ›Stadtentwicklungs-‹ oder ›Flächennutzungsplan‹ bezeichnen würde, erhielt Köln zum ersten Mal eine langfristige städtebauliche Entwicklungskonzeption. Die Grundform für das künftige Freiflächensystem war durch den inneren und äußeren Befestigungsring vorgegeben. Zur Auflösung dieser konzentrischen Grundstruktur sollten die beiden Grüngürtel jedoch durch radial ausgerichtete Grünzüge verbunden und somit das ringförmige Freiflächensystem in ein radartiges überführt werden. Diese grünen *Speichen*, die linksrheinisch den Inneren und Äußeren Grüngürtel miteinander verbinden und von dort ins Umland gerichtet sind, waren zugleich zur Gliederung der Bebauung in den Vororten bestimmt. Demgegenüber sollten rechtsrheinisch, wo sich der Grüngürtel näher am Rhein befindet, die Radialen die Verbindung zwischen Grüngürtel und den nahe liegenden Wäldern des Bergischen Landes herstellen.

Nach den Vorgaben des Generalbebauungsplanes sollte auf dem Gebiet des äußeren Befestigungsringes der Äußere Grüngürtel angelegt werden. Da dieses Gebiet aufgrund der militärischen Nutzung von jeglicher Bebauung frei geblieben war, war es

giant stone desert or a city whose citizens can live a decent life. A glance into the future reveals an endless ocean of houses, without light, without greenery, without any connection to nature. The grimy smoke from the nearby lignite mines is already reaching the streets on the outskirts. Only one thing can prevent this development: the expropriation of the only broad belt surrounding Cologne that is still not built up in order for it to be transformed into forest and green spaces for public use. This belt on the left bank of the Rhine will be transformed into forest, fields, and pastures in order to provide the citizens of Cologne with a high degree of true and life-sustaining recreation and to protect them from the grimy smoke of the lignite mines. Extending from the Rhine to the Rhine over a distance of 25 kilometers (approx. 15½ miles) and easy to reach from all parts of the with the existing public transportation, the greenbelt will in the future reconnect our citizens with nature. The greenbelt shall be furnished with sports facilities, playgrounds, air- and sunbaths, swimming pools, forest schools, day recreation facilities for children and adults. Long-term garden leases (...) will, as was the case a hundred years ago when so many citizens owned gardens on the outskirts, reconnect large parts of the population with the rejuvenating earth. School gardens will keep our young people occupied on school-free afternoons. Extending from this belt, further forest strips shall lead into the Vorgebirge, which will be reforested once all the lignite has been quarried. This forest and lawn belt will

geradezu prädestiniert für die Umgestaltung in einen grünen Gürtel. Adenauer maß der Anlage besonders große Bedeutung zu, wie folgendes Zitat verdeutlicht: ›Jetzt muss es sich entscheiden, ob Köln eine riesige Steinwüste sein wird oder aber eine Stadt, deren Bewohner ein menschenwürdiges Dasein führen können. Dieser Blick in die Zukunft zeigt uns ein endloses Häusermeer, ohne Licht, ohne Grün, ohne Zusammenhang mit der Natur, in dessen Randstraßen die in der Zwischenzeit vom Vorgebirge herabsteigenden Braunkohlezechen hineinrauchen. Eine solche Entwicklung zu verhüten, gibt es nur eine Möglichkeit: Verwendung des einzigen noch von Bauwerken freien, sich breit um Köln herumziehenden Streifens, des zu diesem Zwecke zu enteignenden Rayongeländes zu öffentlichen Zwecken, zu Wald- und Wiesenanlagen. Auf der linken Rheinseite soll der Rayongürtel, als Wald, Feld und Wiese angelegt, den Einwohnern Kölns wahre und lebensnotwendige Erholung im großen Maßstabe bieten und Schutz vor den Braunkohlezechen gewähren. Vom Rhein bis zum Rhein sich in einer Länge von 25 Kilometer hinziehend und von allen Punkten der Stadt auf einem Dutzend jetzt schon vorhandener, die Menschenmassen verteilender Straßenbahnlinien leicht erreichbar, wird er allen Bewohnern des zukünftigen Kölns den Zusammenhang mit der Natur wiedergeben. Sportplätze, Spielplätze, Luft- und Sonnenbäder, Schwimmbäder, Waldschulen, Tageserholungsheime für Kinder und Erwachsene soll dieser Gürtel in sich aufnehmen. Dauernde Pachtgärten [...] werden, wie einst vor 100 Jahren, wo so viele vor den Toren ihren Garten

connect the future city core on the left bank of the Rhine via the Vorgebirgspark and the Stadtwald (municipal forest) with the reallocation area and the Blücherpark. These channels will bring broad streams of light and air into the center of the future city on the left bank of the Rhine. And on the other bank of the Rhine, people will enjoy the green spaces and parks without having to use the tramway.

The right bank of the Rhine is in a better position than the left due to its more dispersed construction and its closer proximity to forests. The expropriated land shall be used for the construction of small houses and shall also provide recreational areas, playgrounds, and sports facilities for the citizens of more densely populated areas and secure a connection to the forests and mountains of the Bergisches Land for the entire city located on the right bank of the Rhine.' [17] [...]

The complete article is to be found in: Adams, W.: Bauer, J. (eds.): Vom Botanischen Garten zum Großstadtgrün. Cologne 2001, pp. 150–158. (Inner and Outer Greenbelts. From Botanical Garden to Urban Green Space)

besaßen, den weitesten Kreisen der Bürgerschaft wieder die Füh-
lung mit der verjüngenden Erde geben. Schulgärten werden an
den schulfreien Nachmittagen unsere Jugend beschäftigen. Von
diesem Gürtel aus sollen weiter Waldstreifen in das nach Abbau
der Braunkohle wieder neu aufzuforstende Vorgebirge führen,
und mit dem zukünftigen linksrheinischen Stadtkern wird dieser
Wald- und Wiesengürtel in Verbindung stehen durch den Vorgebirgspark, den Stadtwald mit dem Umlegungsgebiet und den
Blücherpark. Breite Ströme von Licht und Luft werden diese Ka-
näle bis in den Mittelpunkt der zukünftigen linksrheinischen Stadt
hineinführen, und in umgekehrter Richtung werden sie den Men-
schen verlocken, auch ohne Benutzung der Straßenbahn durch
Grün- und Parkanlagen hindurch den Wald- und Wiesengürtel
aufzusuchen.

Die rechte Rheinseite ist infolge der zerstreuten Bauweise und
der näher herantretenden Wälder besser gestellt wie die linke.
Hier soll das zu enteignende Gelände dem Kleinwohnungsbau
dienen und ferner die Möglichkeit geben, für die dichter besiedelten Stadtteile Erholungsplätze, Spiel- und Sportplätze zu schaffen
und für das ganze rechtsrheinische Köln den Zusammenhang mit
den Wäldern und Höhen des Bergischen Landes herzustellen und
dauernd zu sichern.‹ [17] [...]

*Der vollständige Text zum Äußeren und Inneren Grüngürtel von
Joachim Bauer ist im Sammelband* Vom Botanischen Garten zum
Großstadtgrün. 200 Jahre Kölner Grüngürtel *zu finden, herausge-
geben von W. Adams und J. Bauer (erschienen 2001 im J.P. Ba-
chem Verlag).*

1   H.A., *Geschäftsverteilungspläne* 1907 to 1914.

2   Cf. Heiligenthal, R.: *Entwicklungsfragen der Großstadt Köln*.
    In: *Der Neubau*, vol. 6, no. 6 (1924), pp. 53–60.

3   Cf. Schumacher, F.: *Köln – Entwicklungsfragen einer Groszstadt*.
    Cologne 1923.

4   Cf. Stadt Köln Liegenschaftsamt (ed.): *100 Jahre stadtkölnisches Vermessungs- und Liegenschaftswesen*. Cologne 1975.

5   Cf. *Verwaltungsbericht der Stadt Köln*, 1923.

6   H.A.: *Verwaltungsbericht der Stadt Köln*,1922, p. 91.

7   Zey, R.: *Parks in Köln. Cologne* 1993, p. 112.

8   H.A.: *Verwaltungsbericht der Stadt Köln*, 1924, p. 83.

9   Cf. Nußbaum, Th.: *Der Ideenwettbewerb für die städtebauliche und architektonische Gestaltung eines Fest- und Aufmarschplatzes in Köln am Rhein*.
    In: *Gartenkunst*, vol. 49 (1936), pp. 59–64.

10 Cf. Dörendahl, E.; Plaag, F.: *Die Kölner Umlegungstätigkeit*.
    In: op. cit. (note 4), pp. 79–112.

11 Cf. Bonatz, P.: *Vorschlag für die Bebauung des Umlegungsgebietes im inneren Festungsrayon der Stadt Köln*. In: *Der Städtebau*, vol. 17, no. 5/6 (1920), pp. 41–46; also Curdes, G.; Ulrich, M.: *Die Entwicklung des Kölner Stadtraumes*. Dortmund 1997.

12 Cf. Schwarz, R.: *Das neue Köln*. Cologne 1950; Schönbohm, K.: *Köln: Grünanlagen 1945–1975*. In: Stadt Köln (ed.): *Stadtspuren – Denkmäler in Köln*. Cologne 1988.

13 Cf. Dörendahl, E.; Plaag, F., op. cit. (note 10), pp. 79–112.

14 Speech of deputy mayor Dr. Kleppe in the city council on June 17, 1952, manuscript, office for landscape conservation and open spaces.

15 Meynen, H.: *Die Kölner Grünanlagen*. Düsseldorf 1979, pp. 71–75.

16 Heicke: *XL. Jahresversammlung der D.G.f.G.* In: *Gartenkunst*, vol. 40 (1927), pp. 169–175; p. 169.

17 Adenauer, K.: *Eine Lebensfrage Kölns. Wald, Feld und Wiese vom Rhein bis zum Rhein*. Cologne 1920, pp. 8/9.

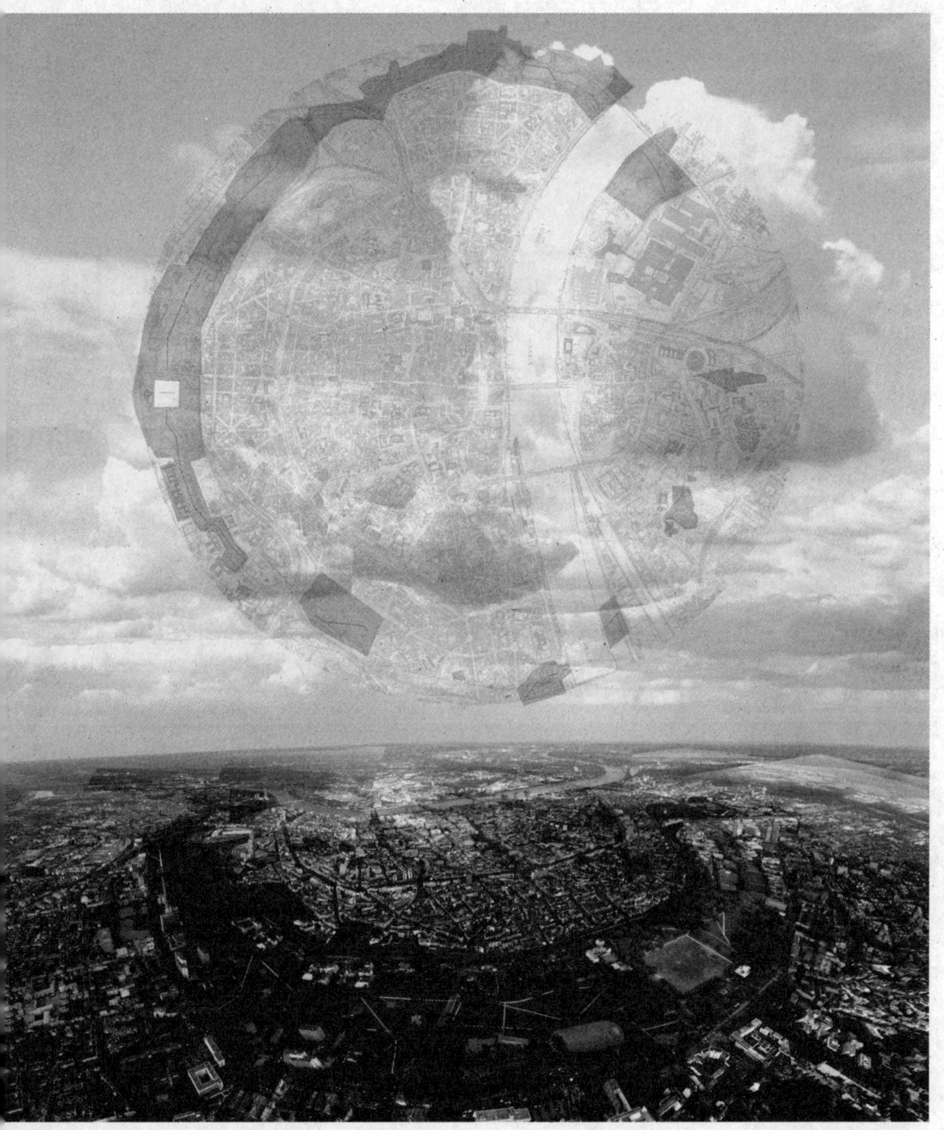

Bundesrasenschau Köln, Digitale Fotocollage, Edition 50 Exemplare, 50×60 cm

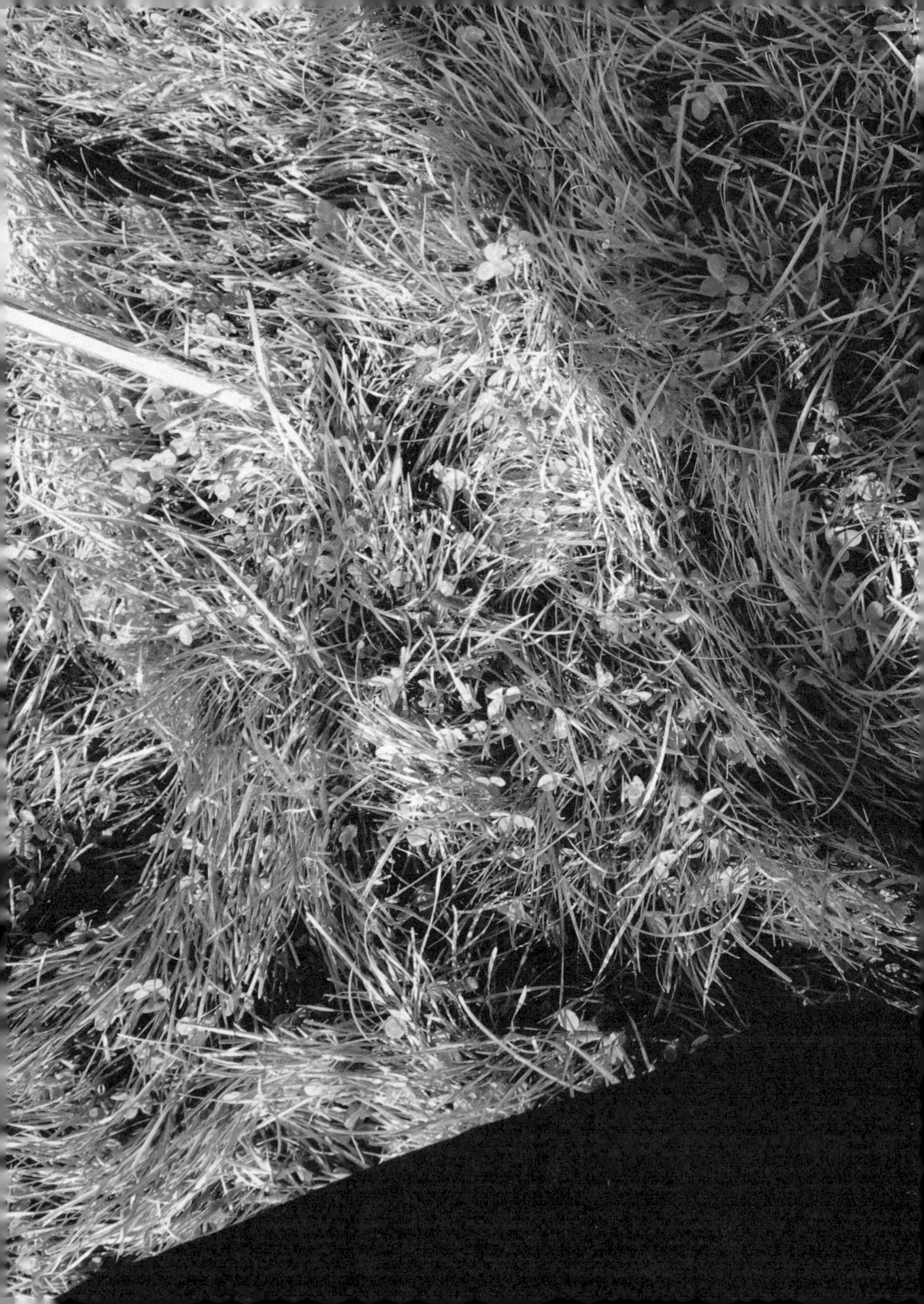

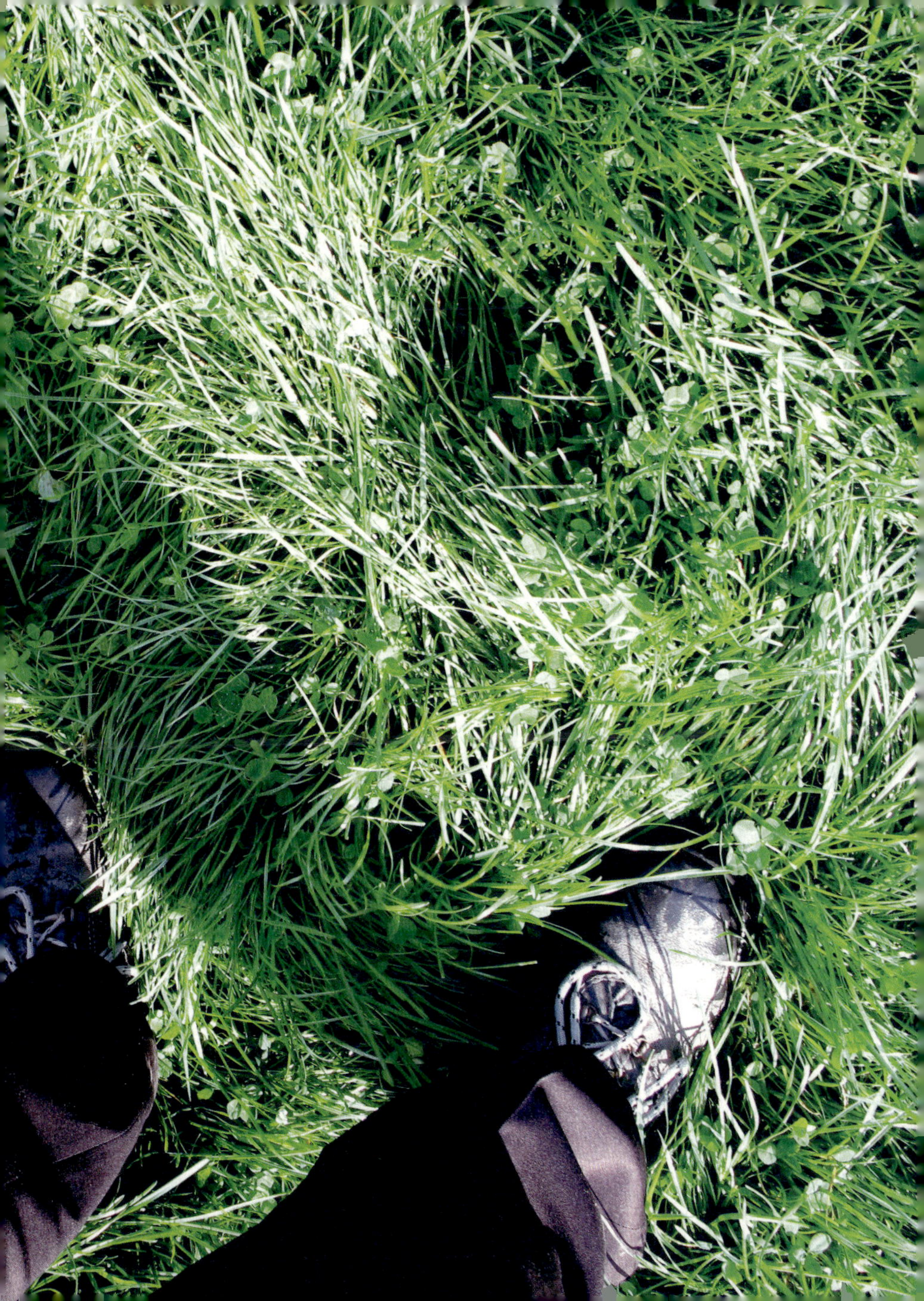

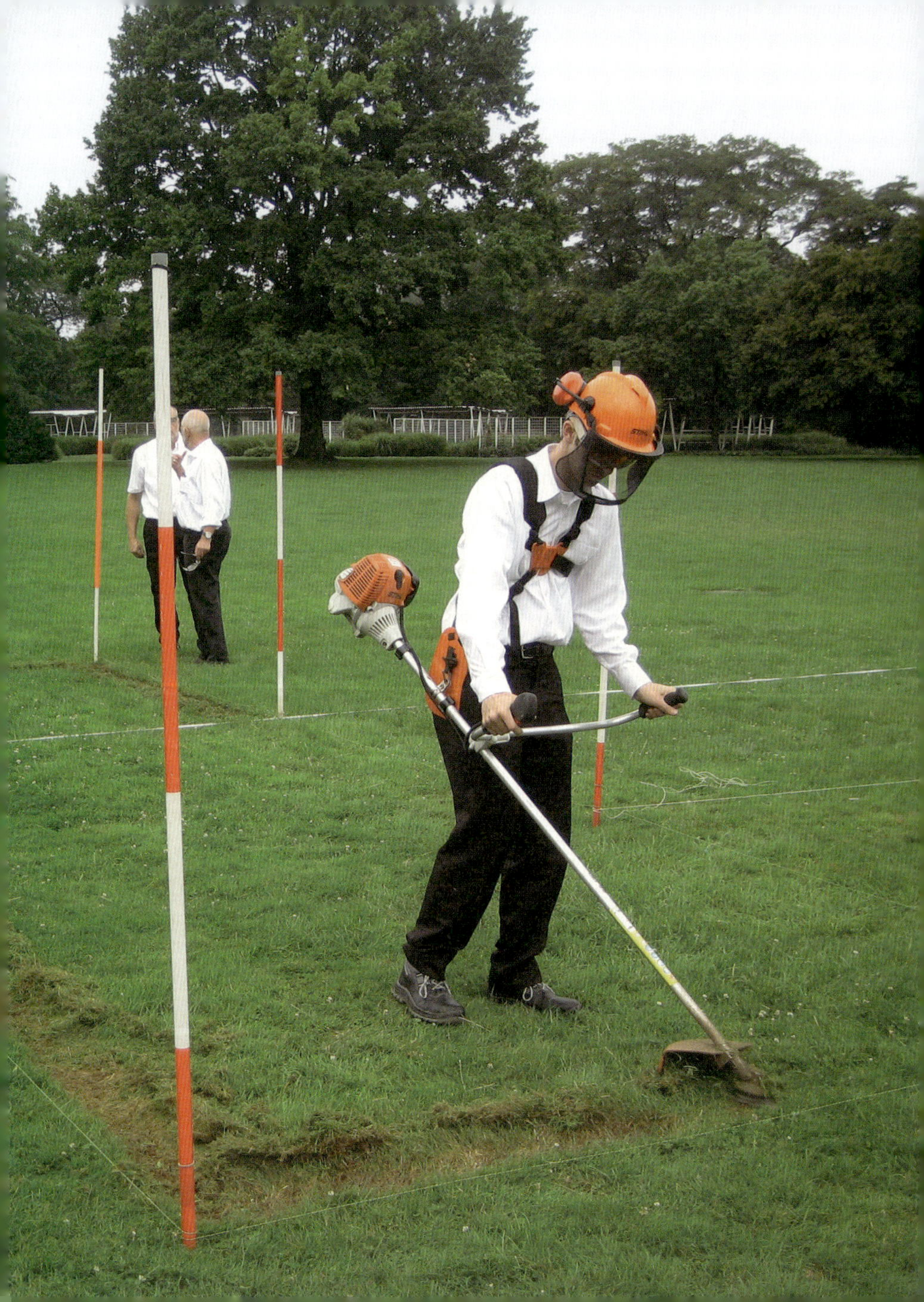

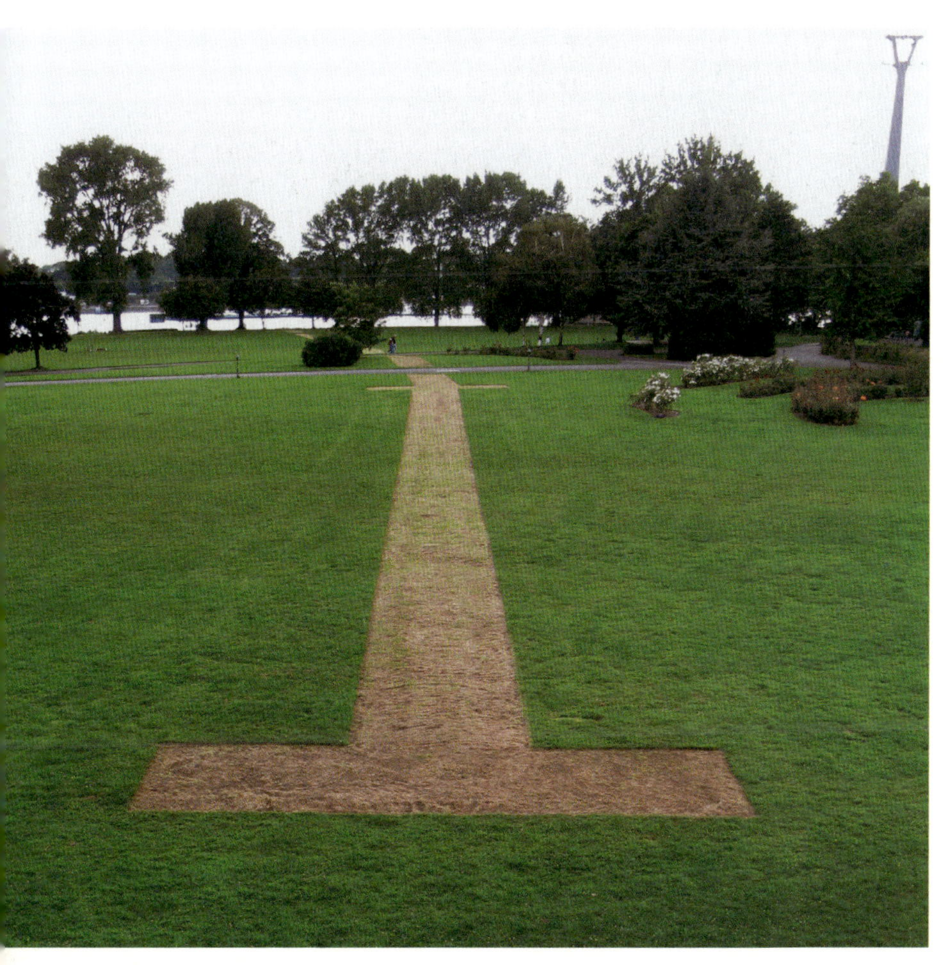

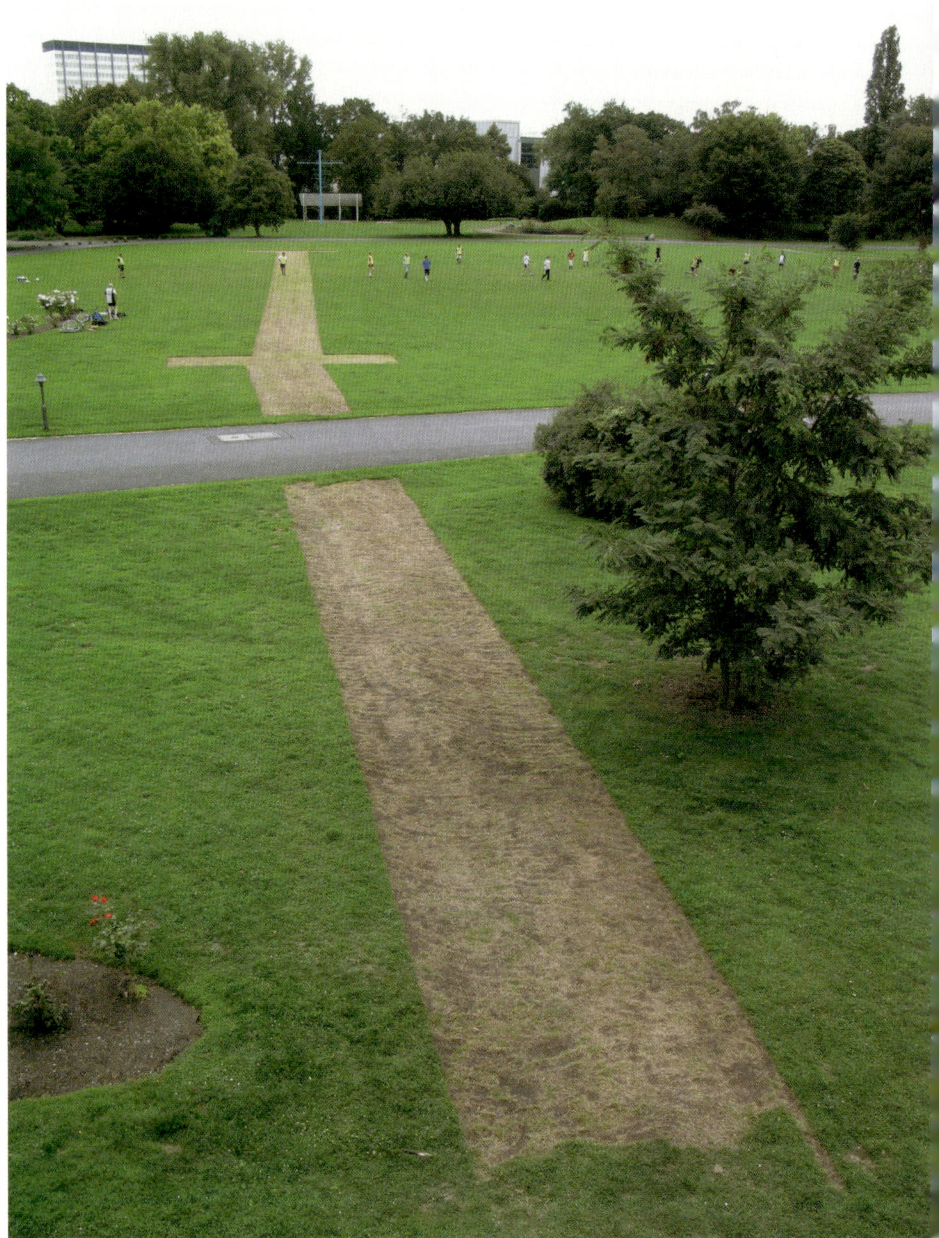

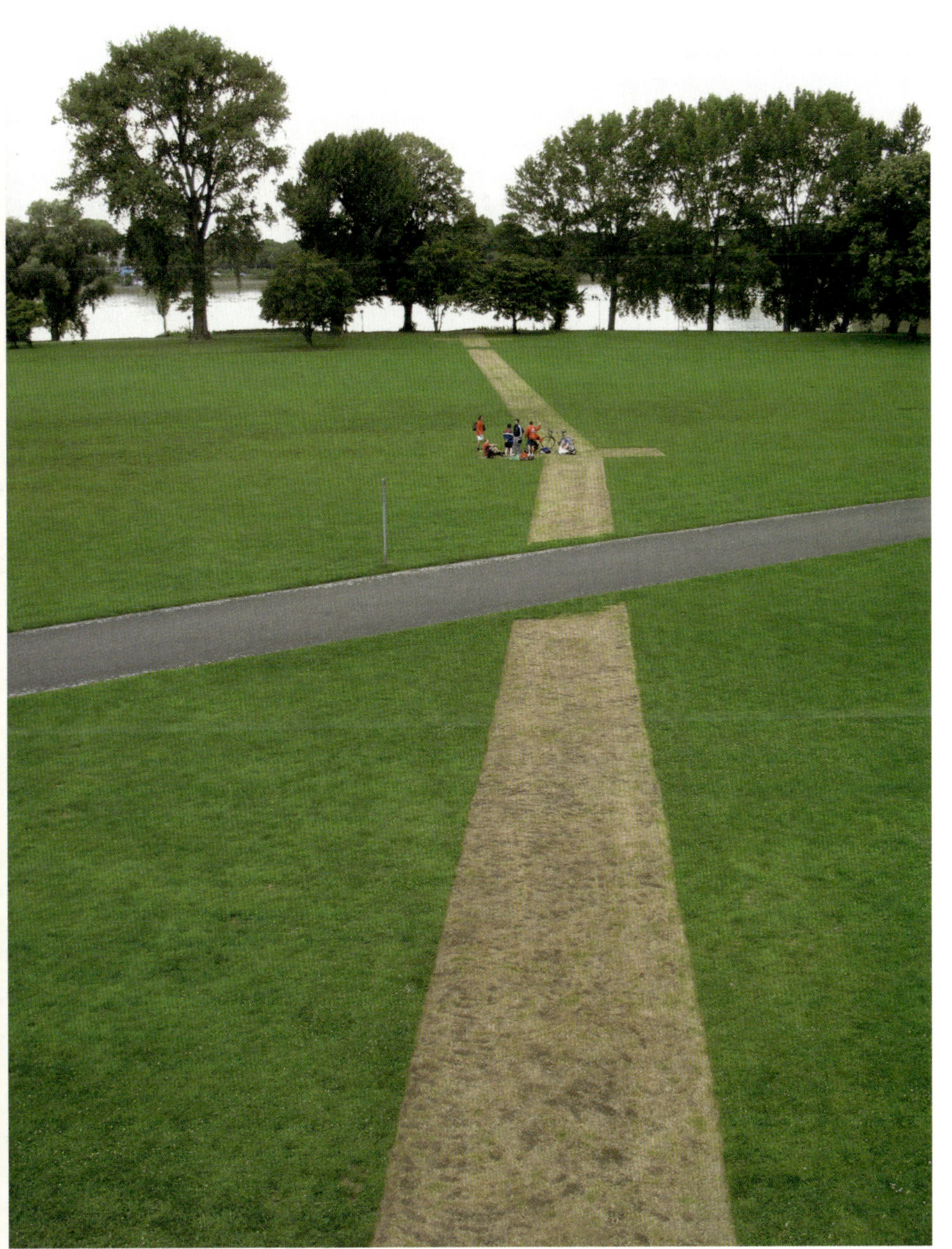

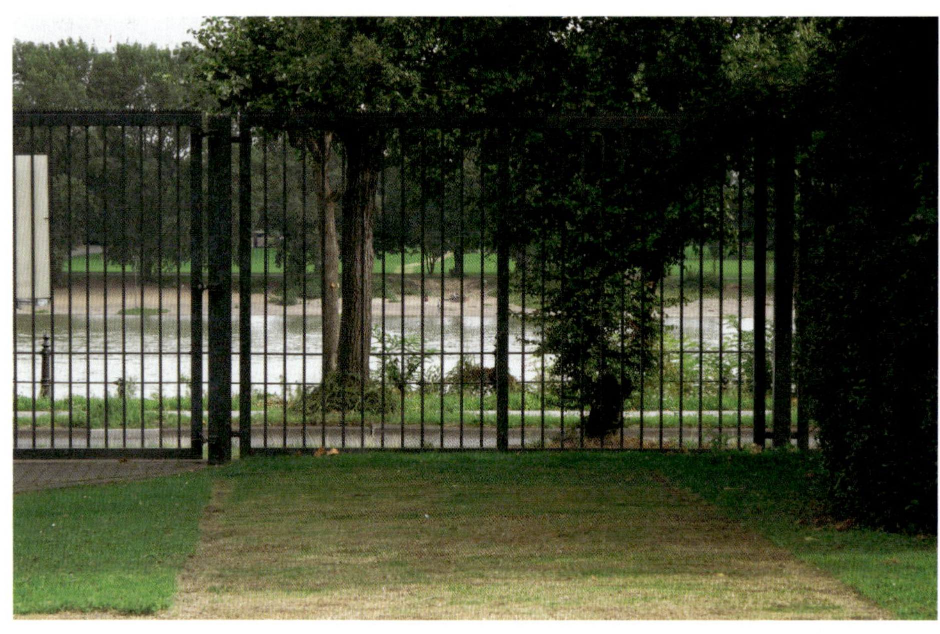

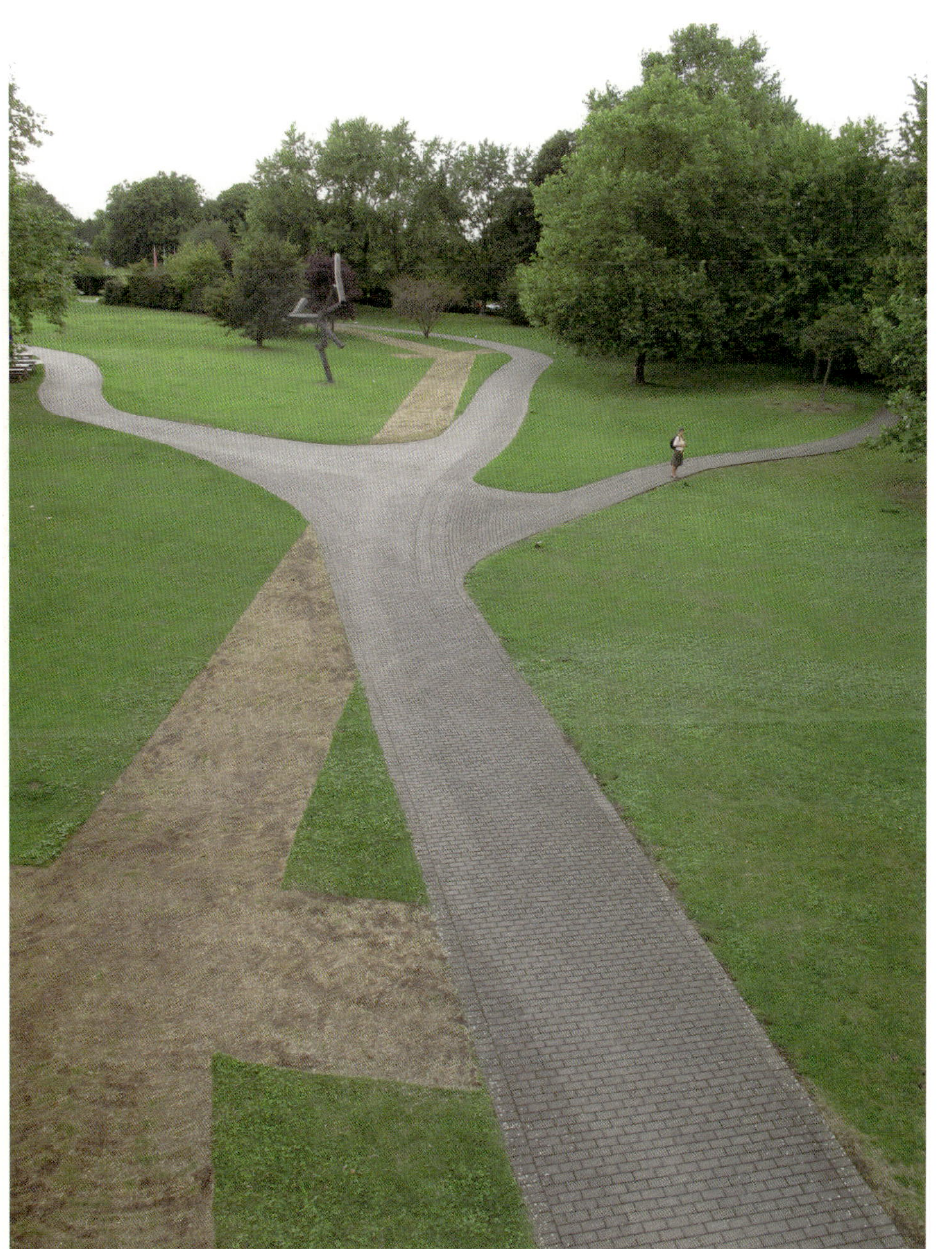

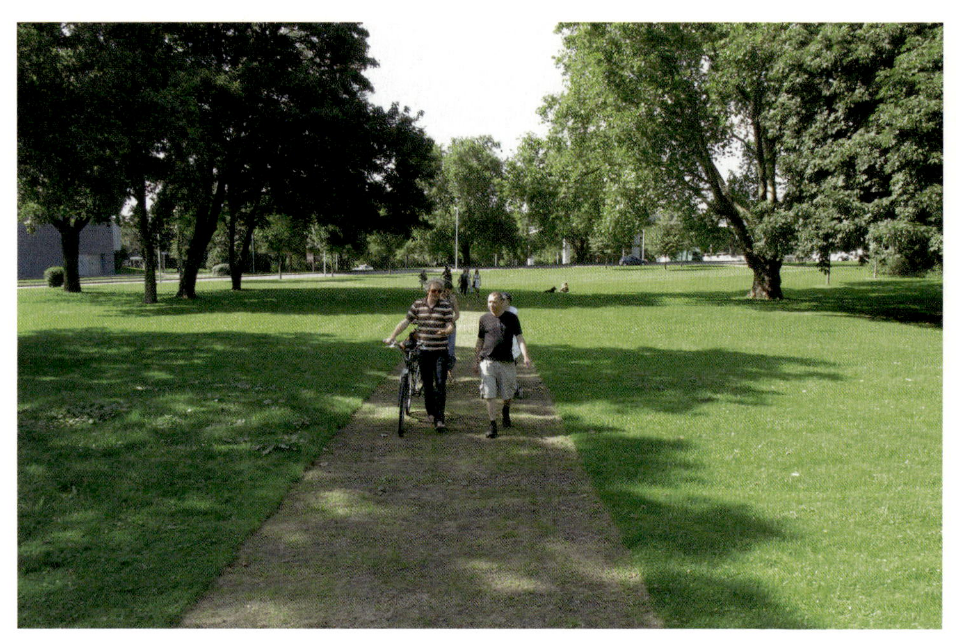

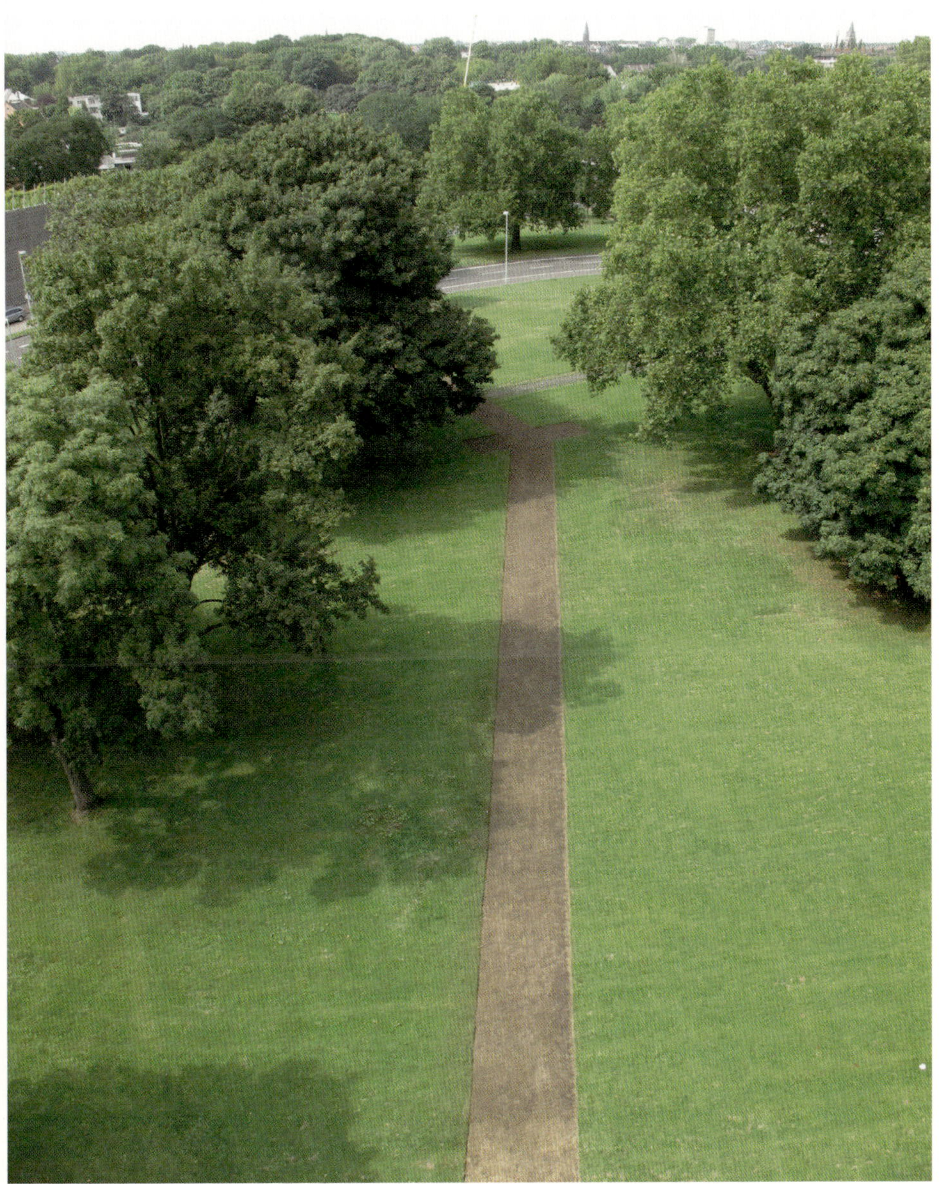

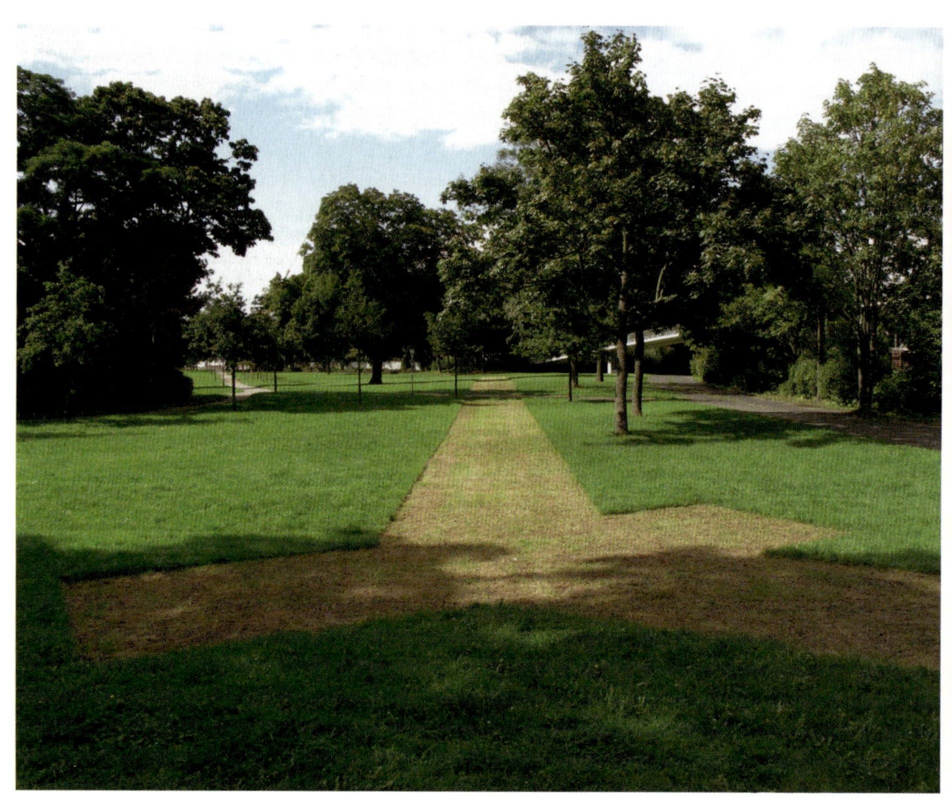

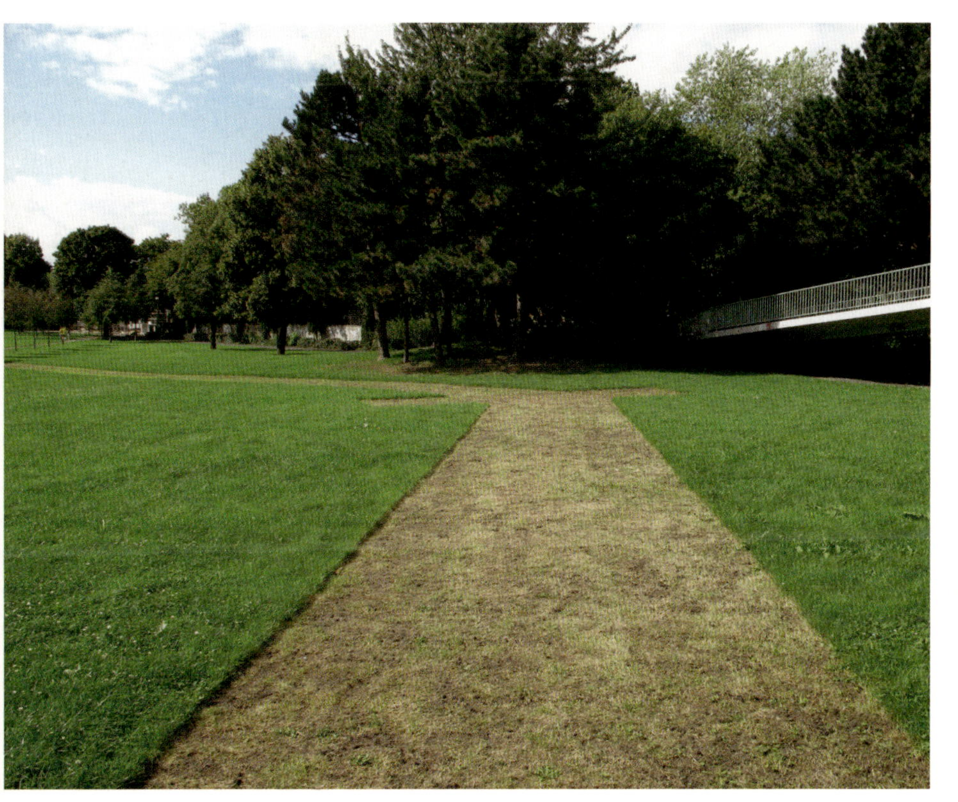

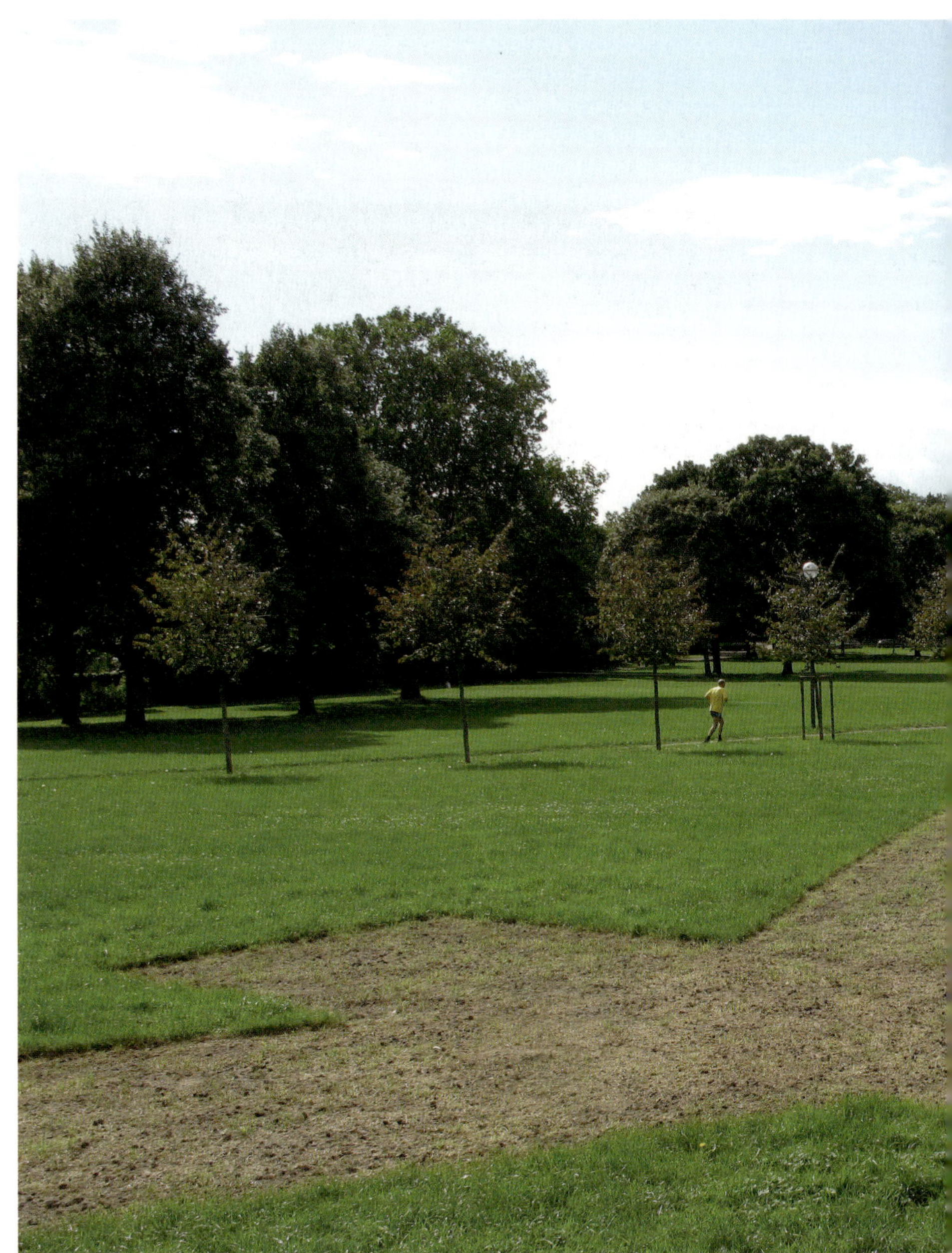

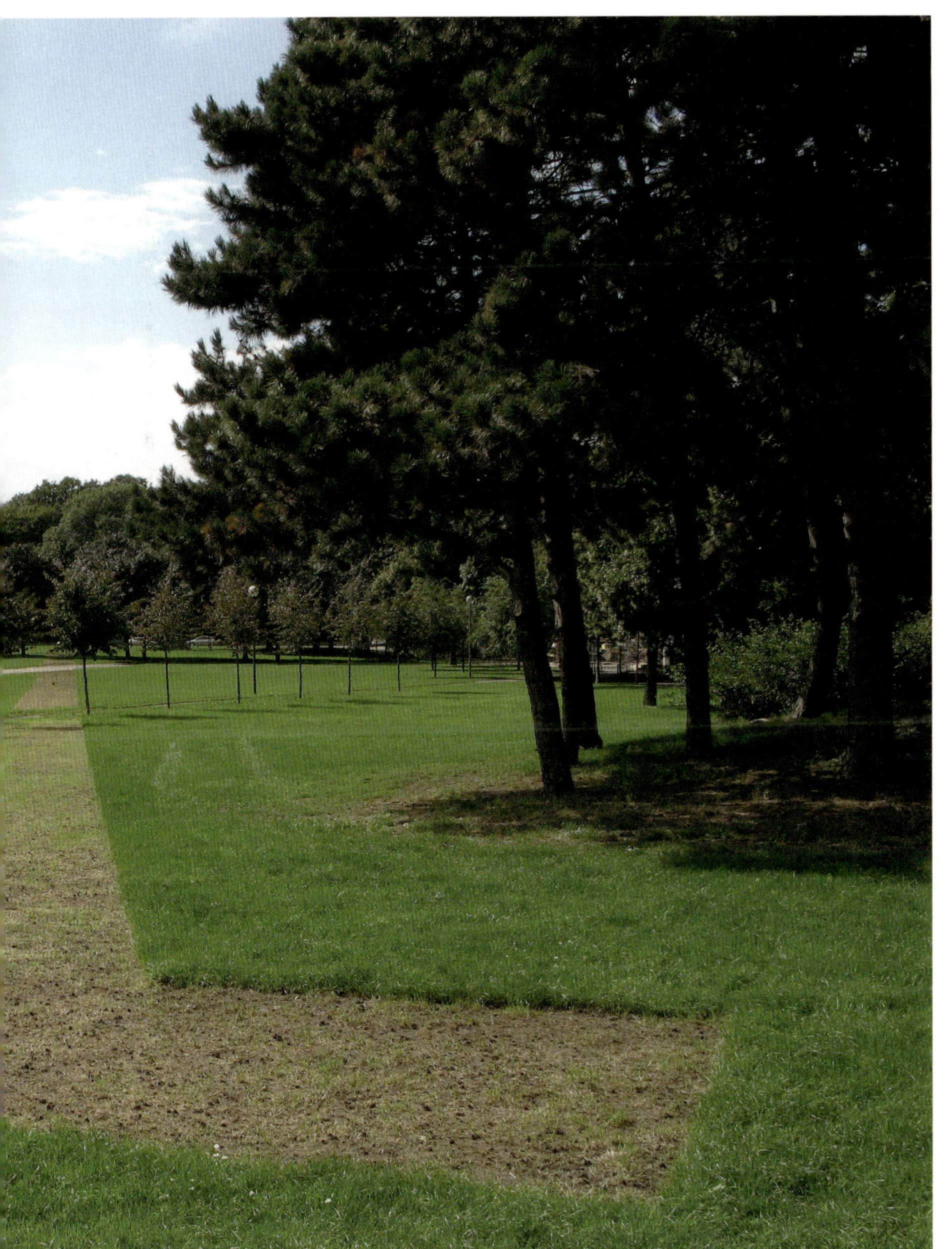

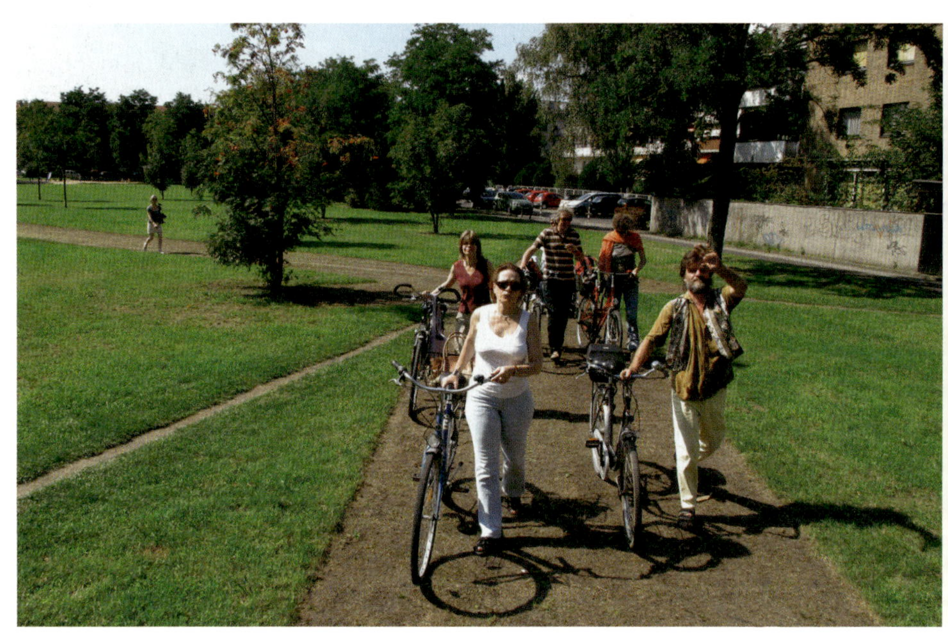

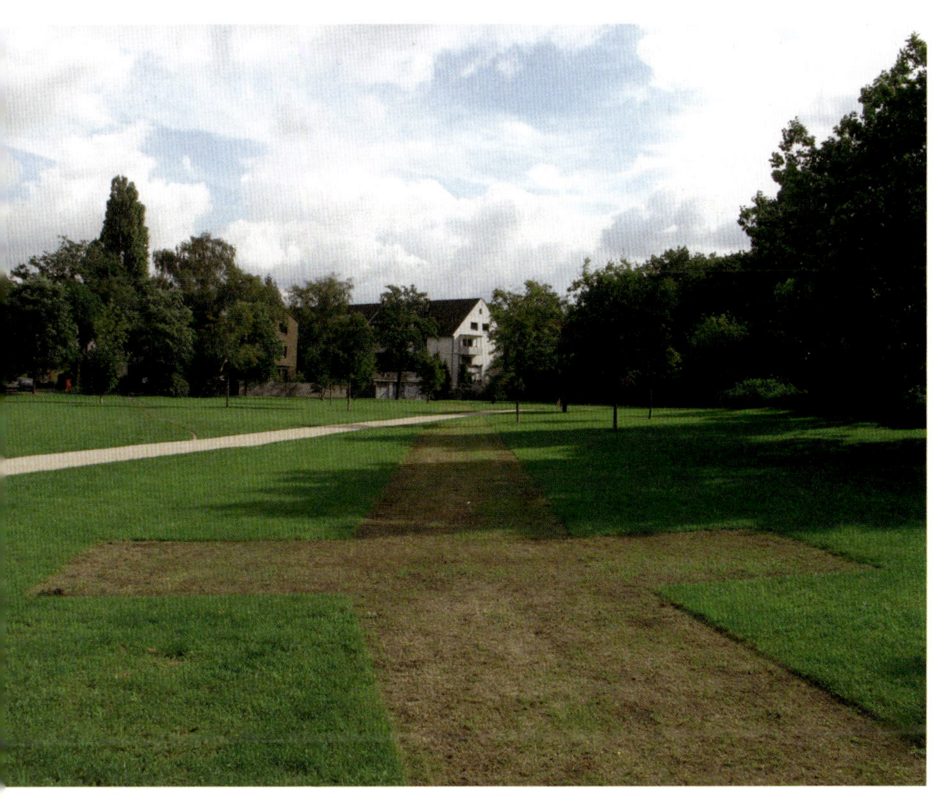

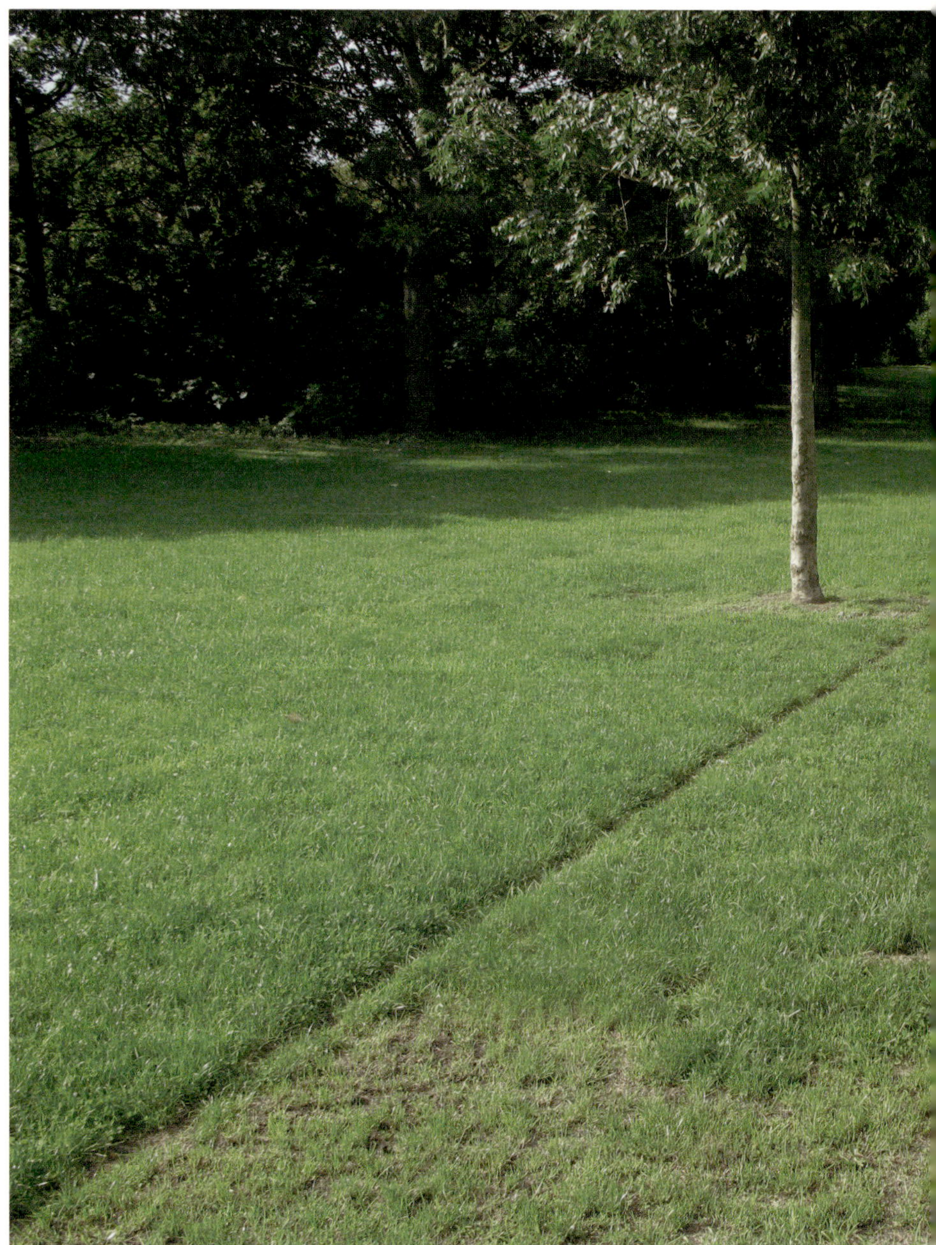

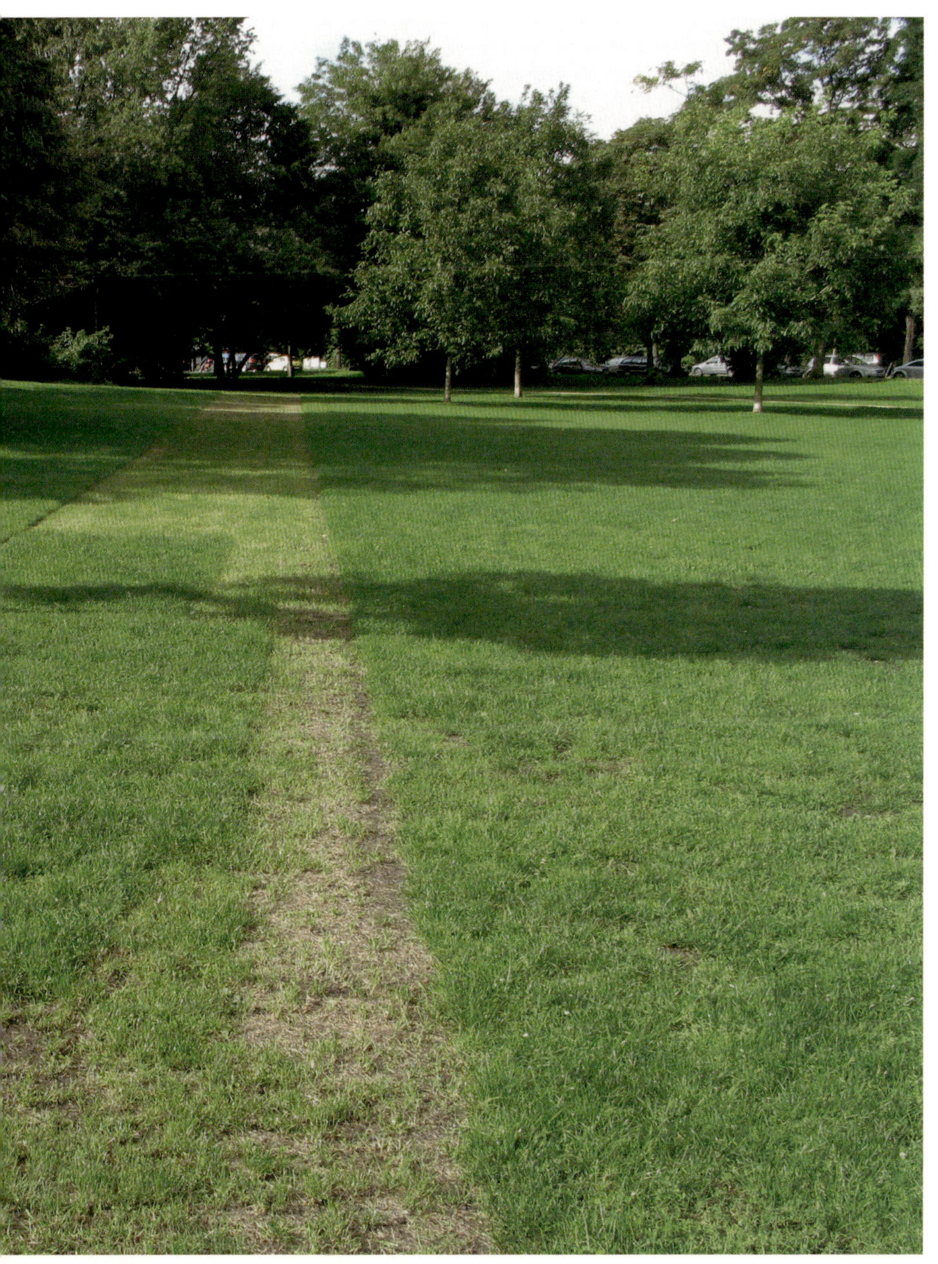

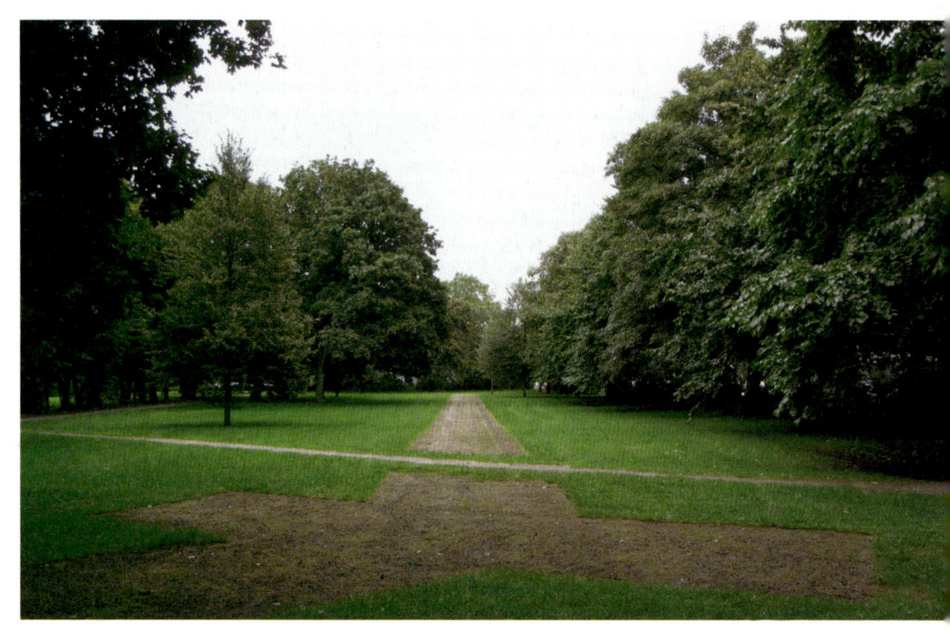

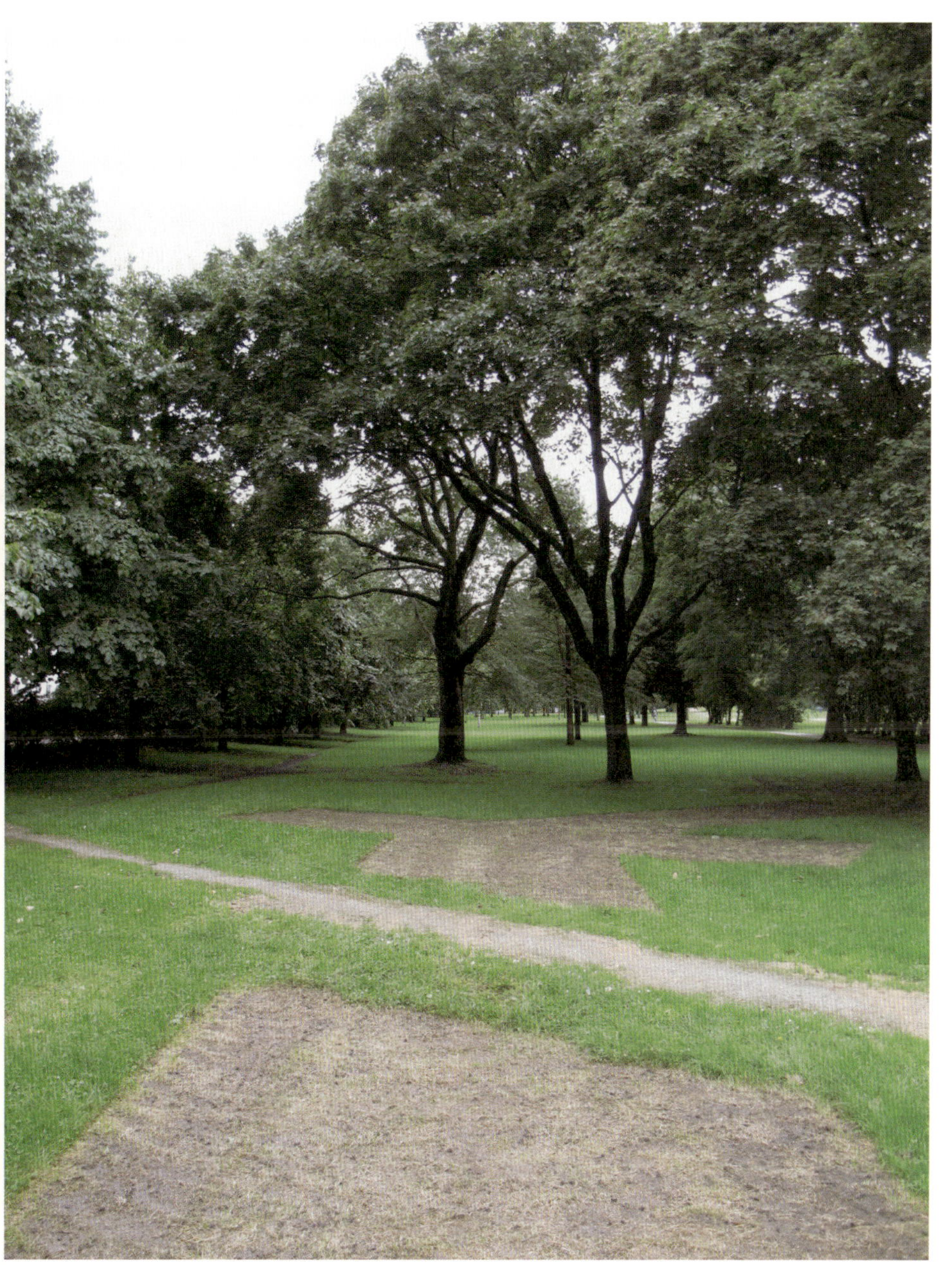

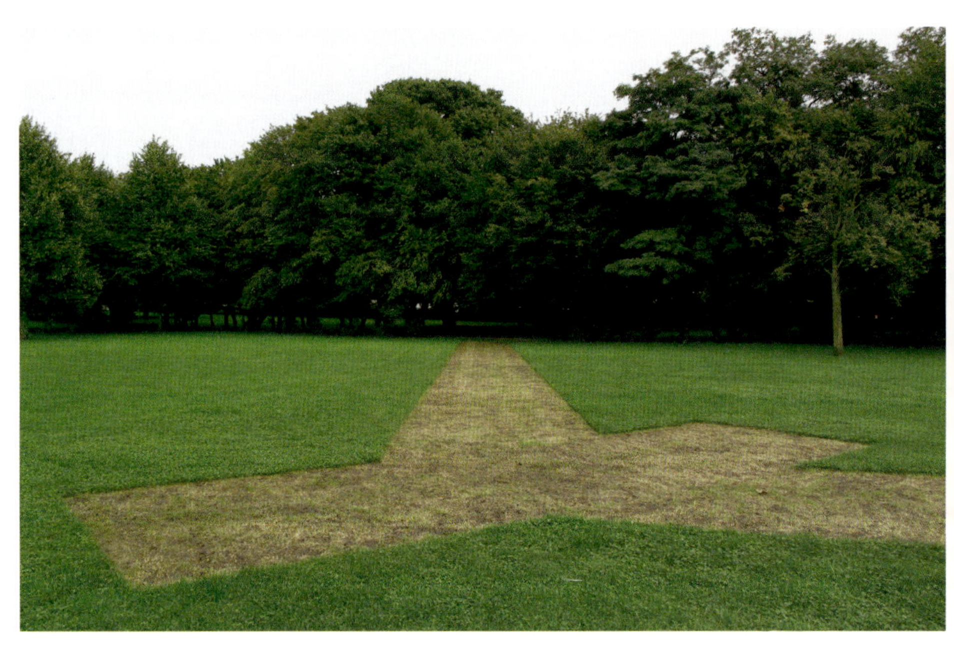

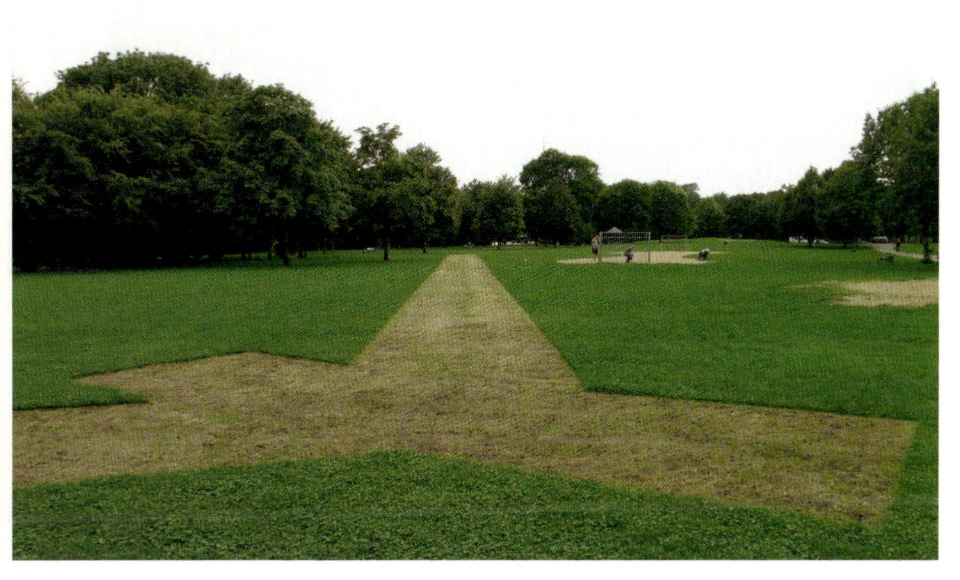

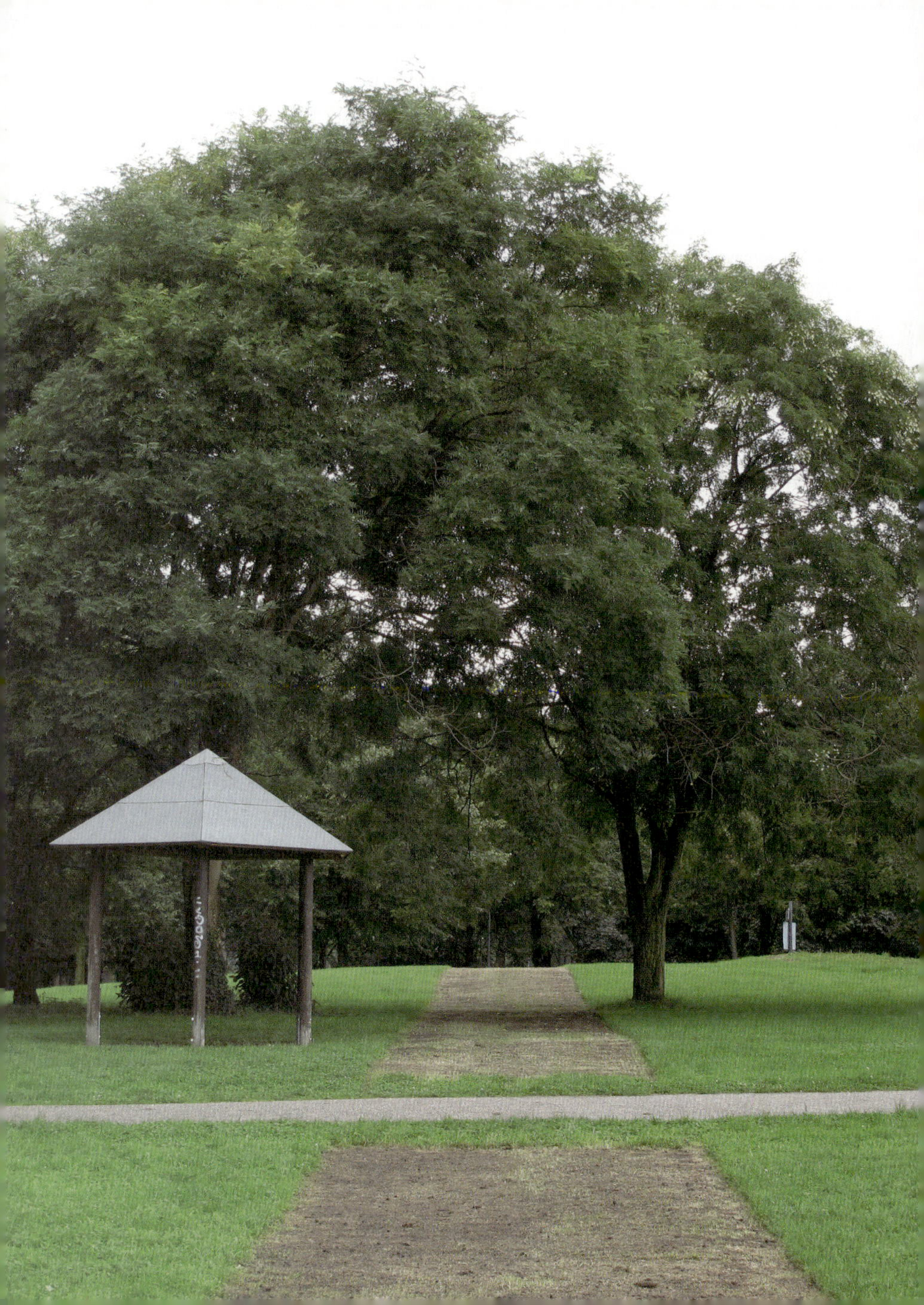

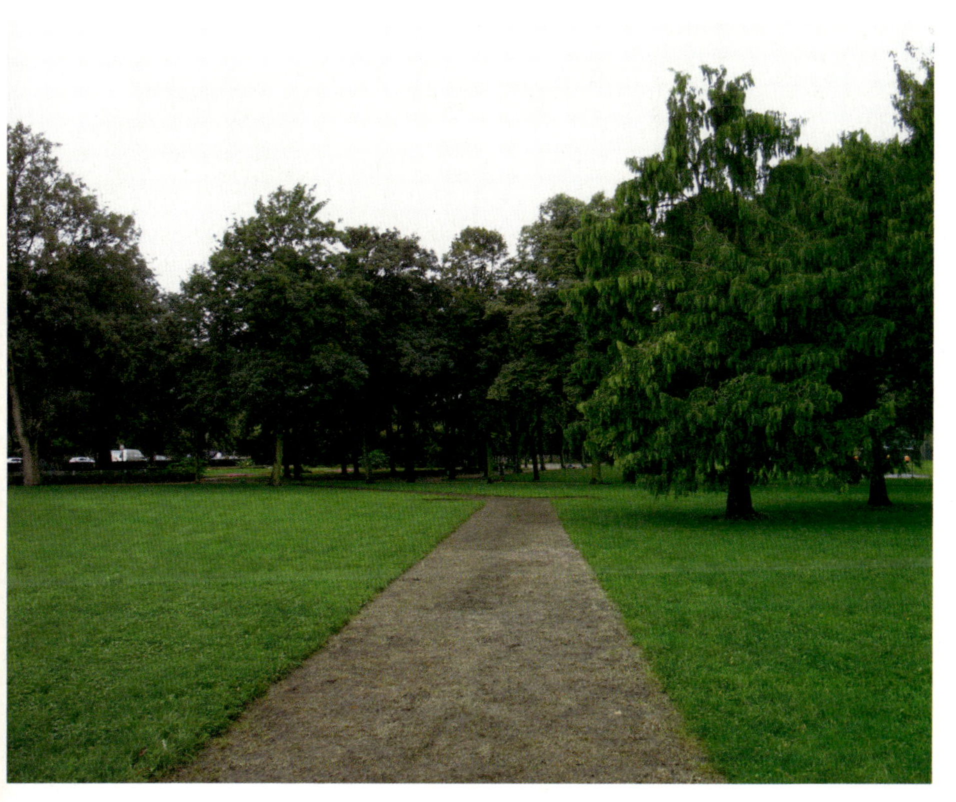

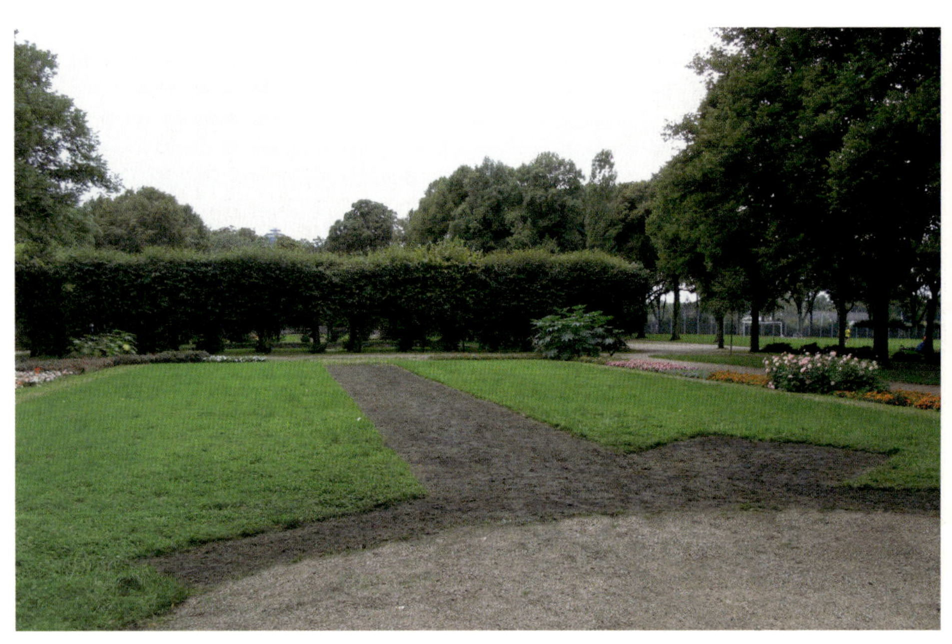

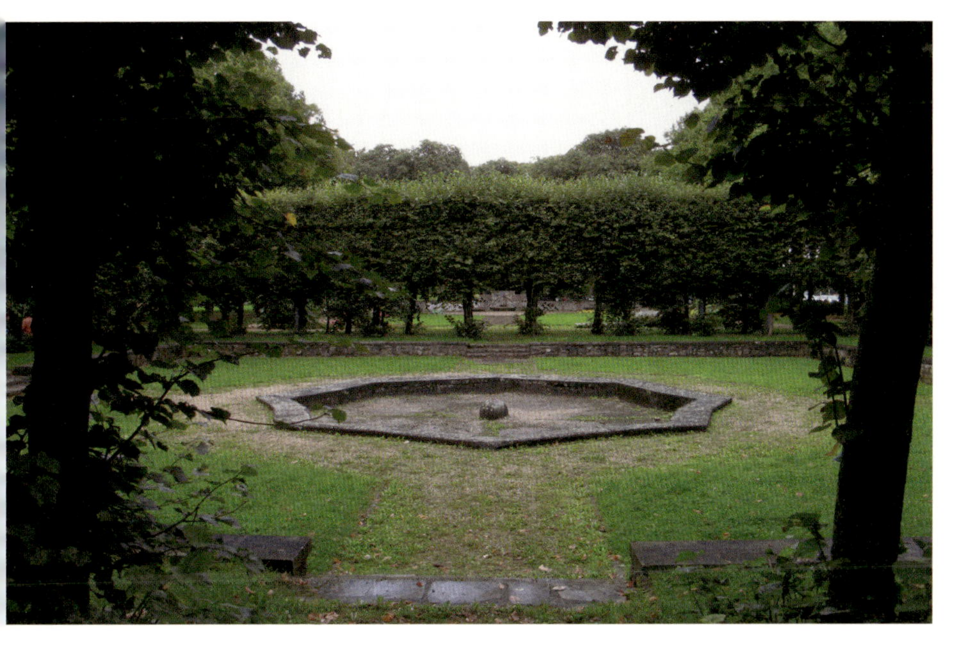

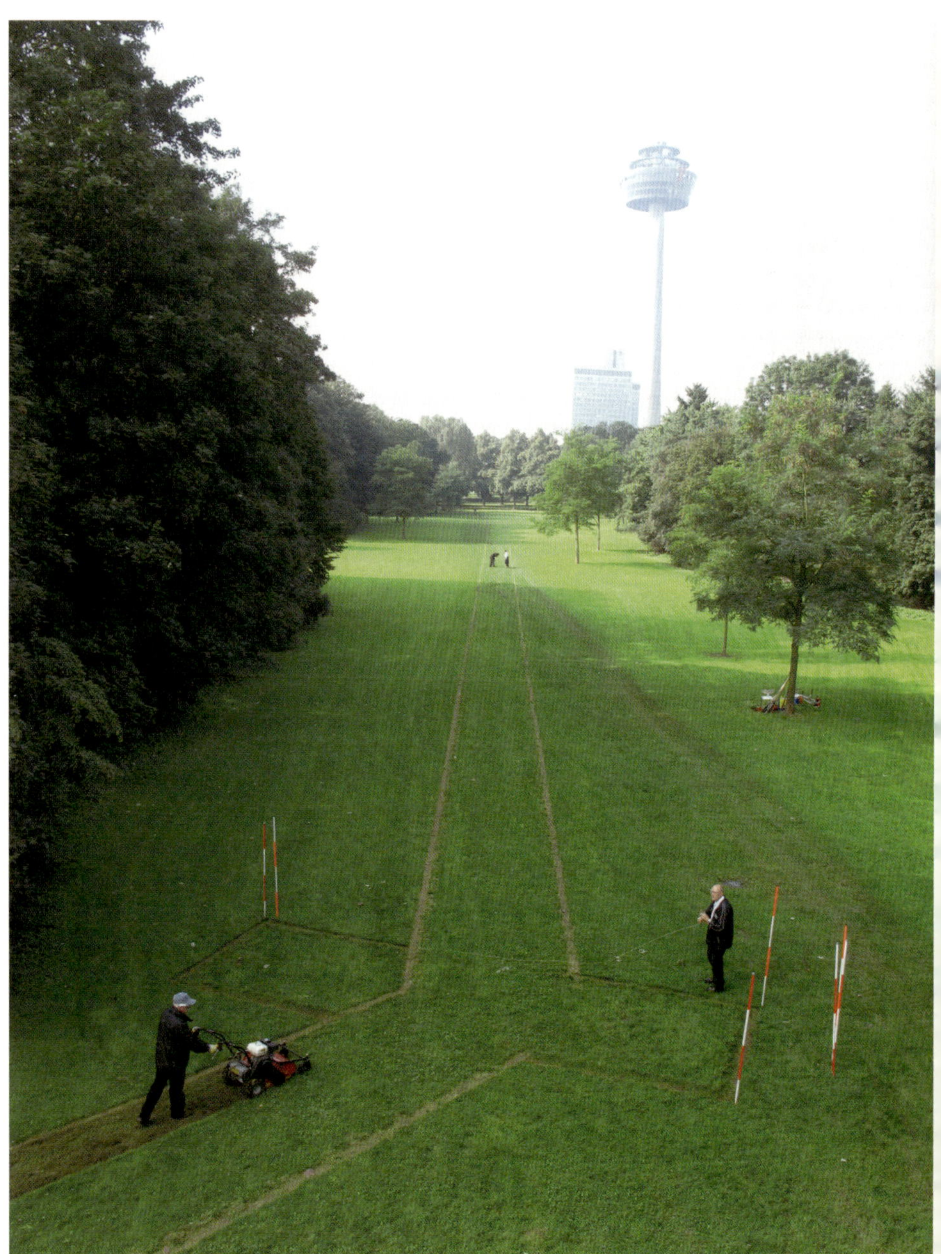

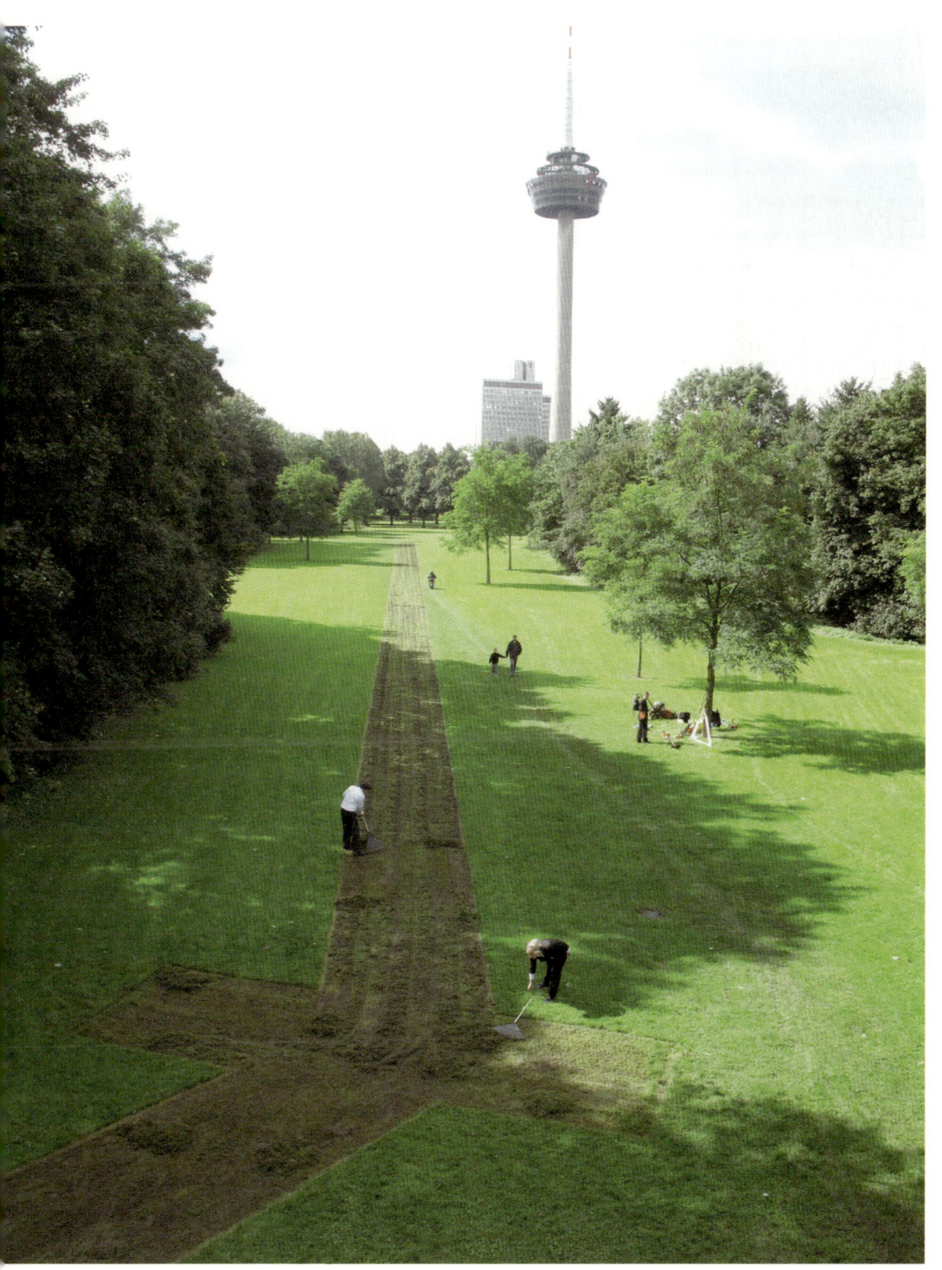

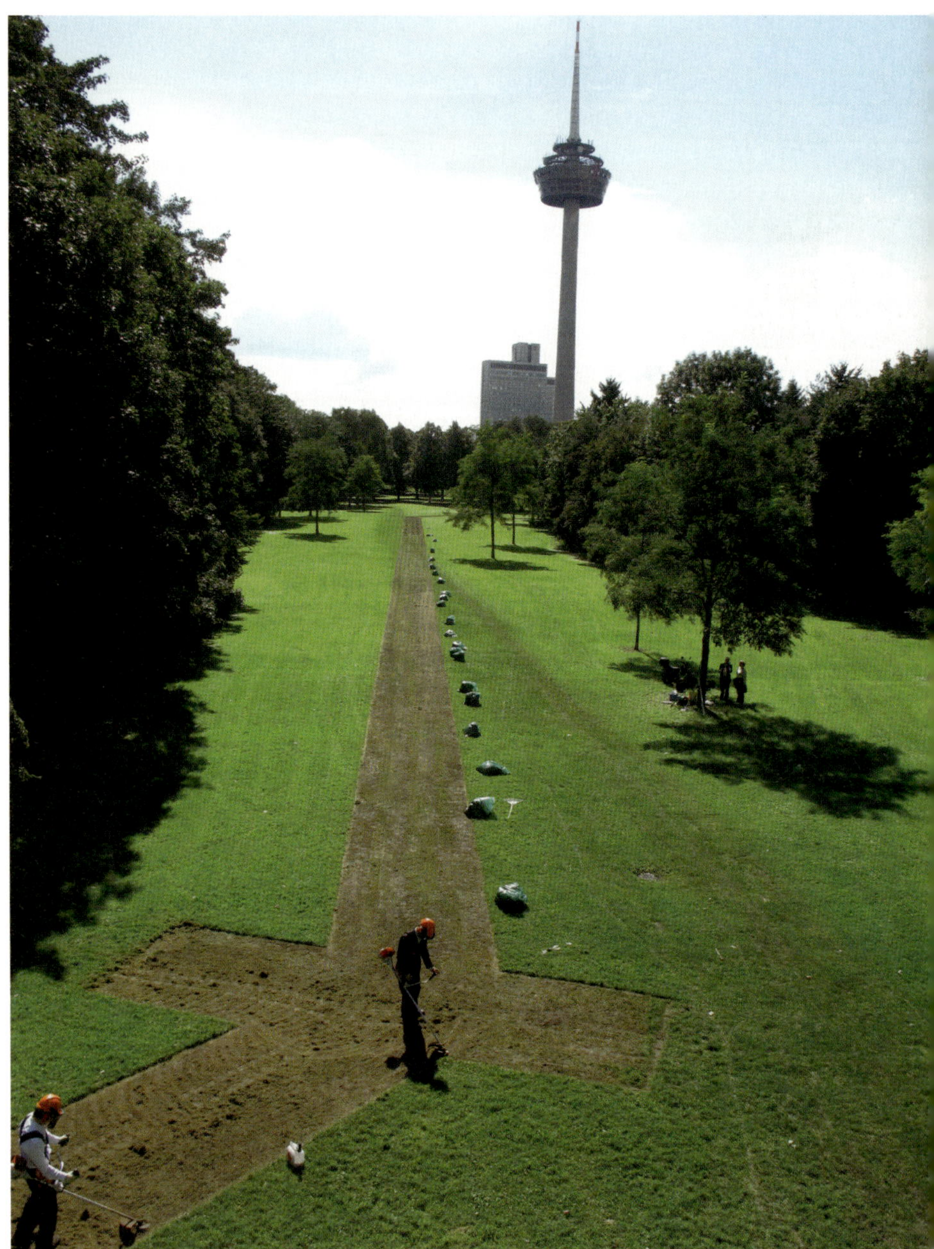

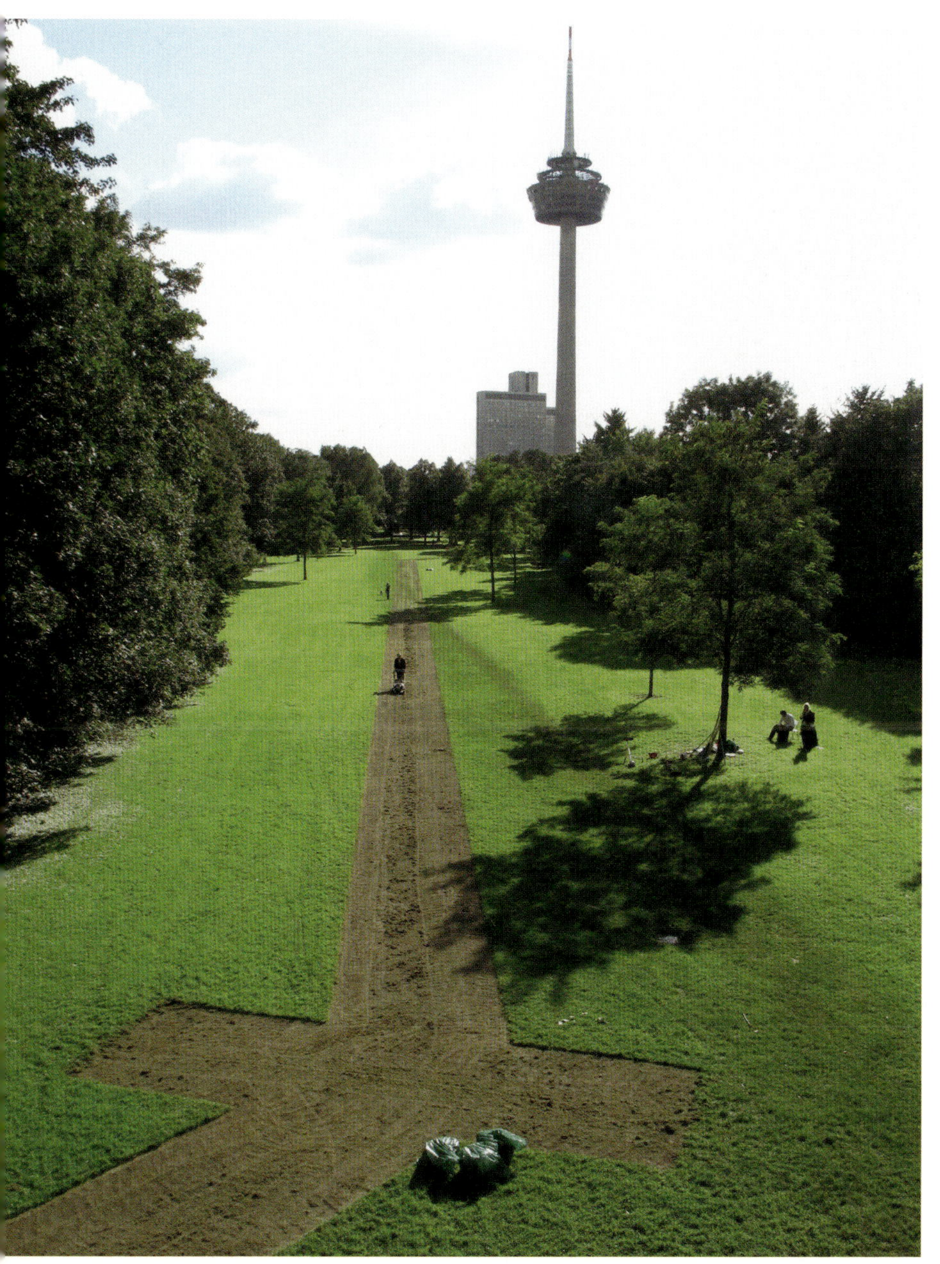

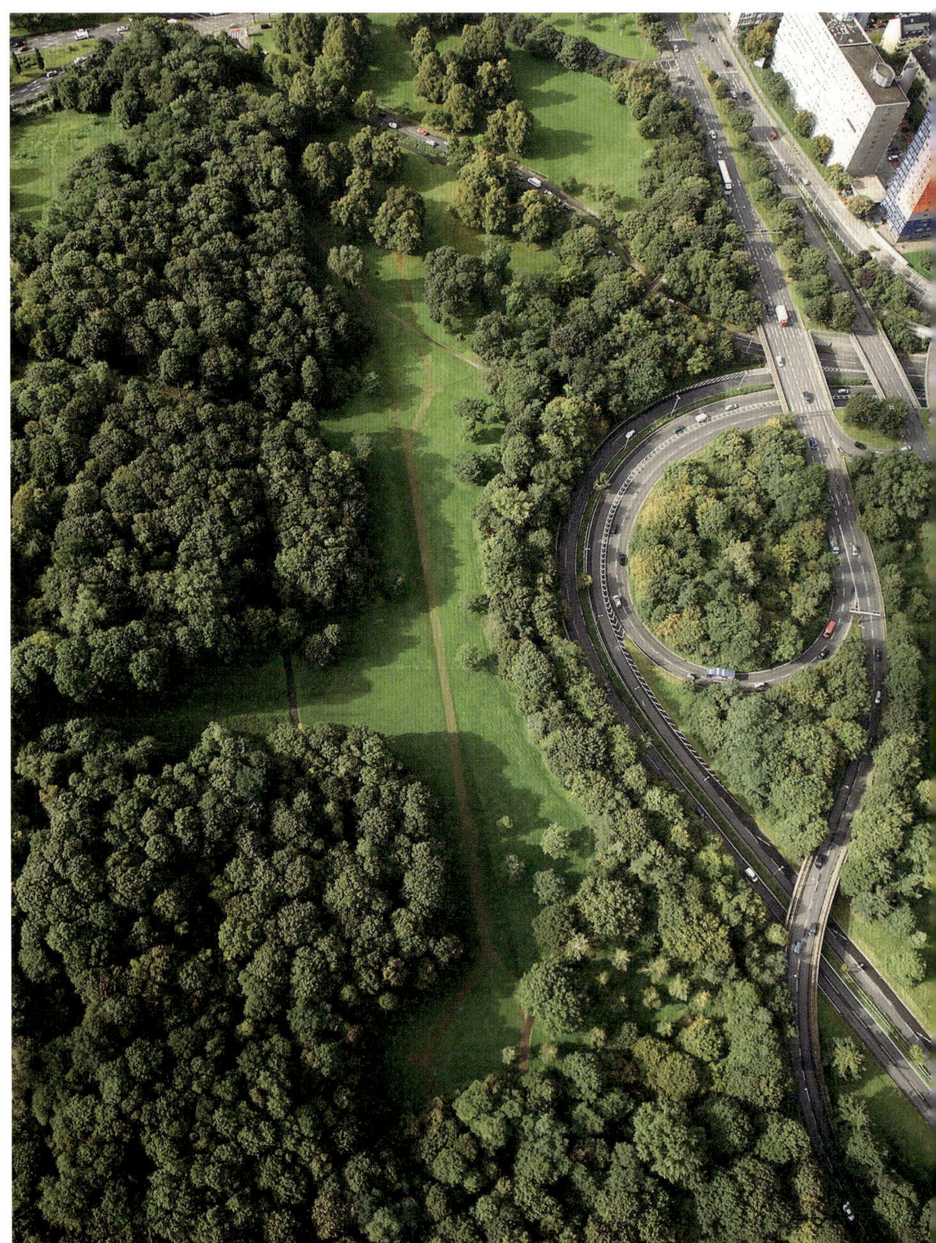

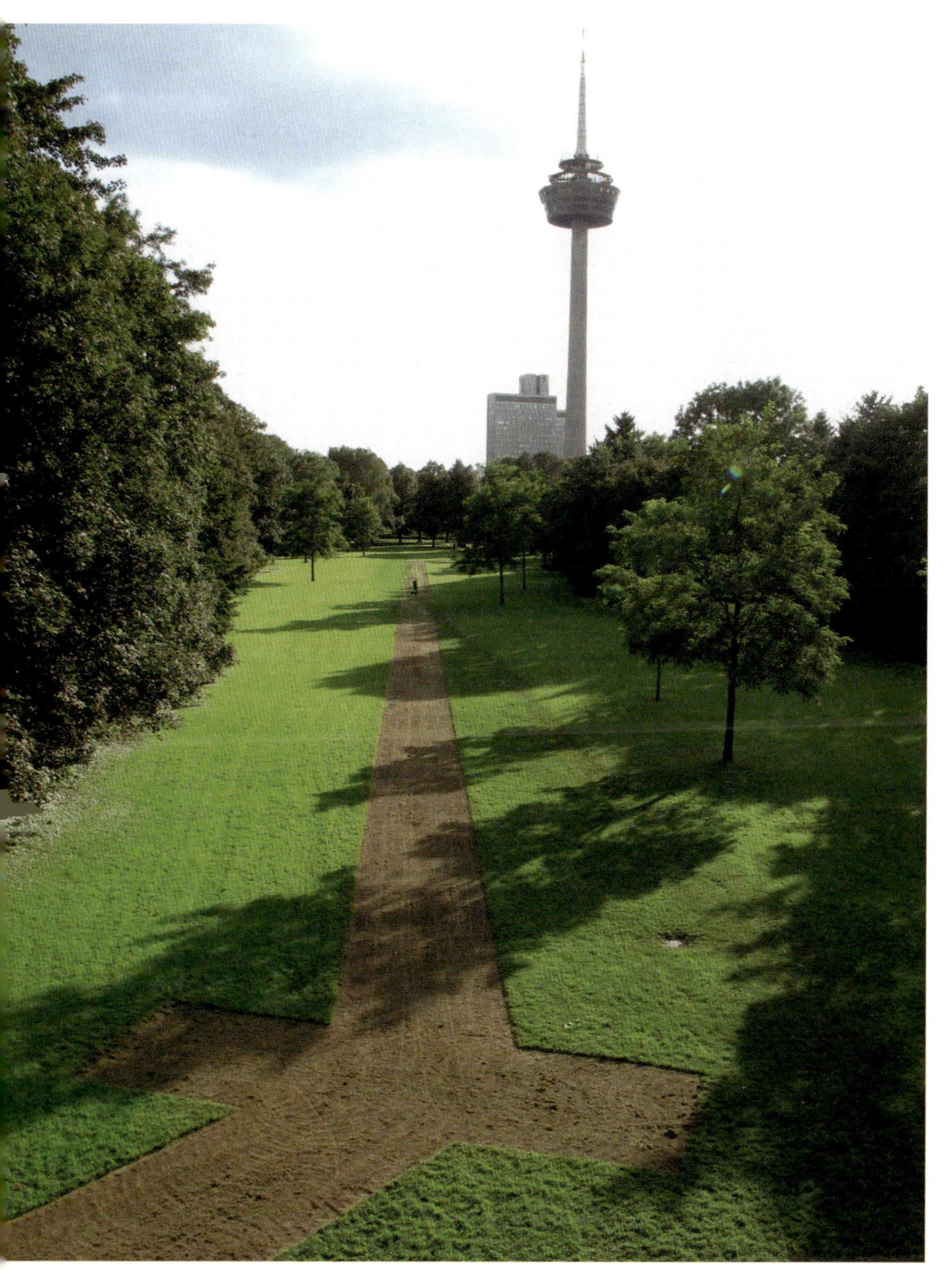

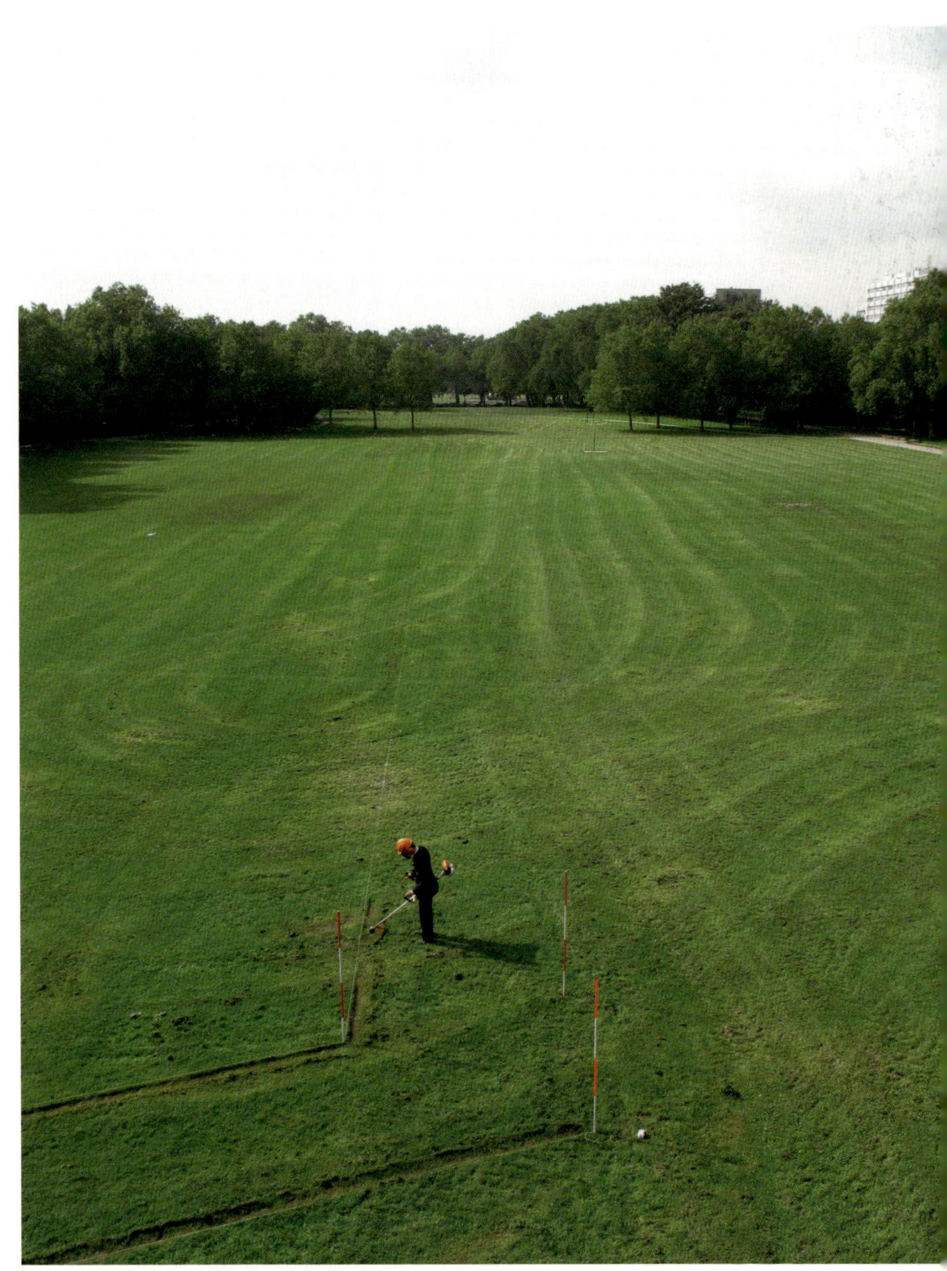

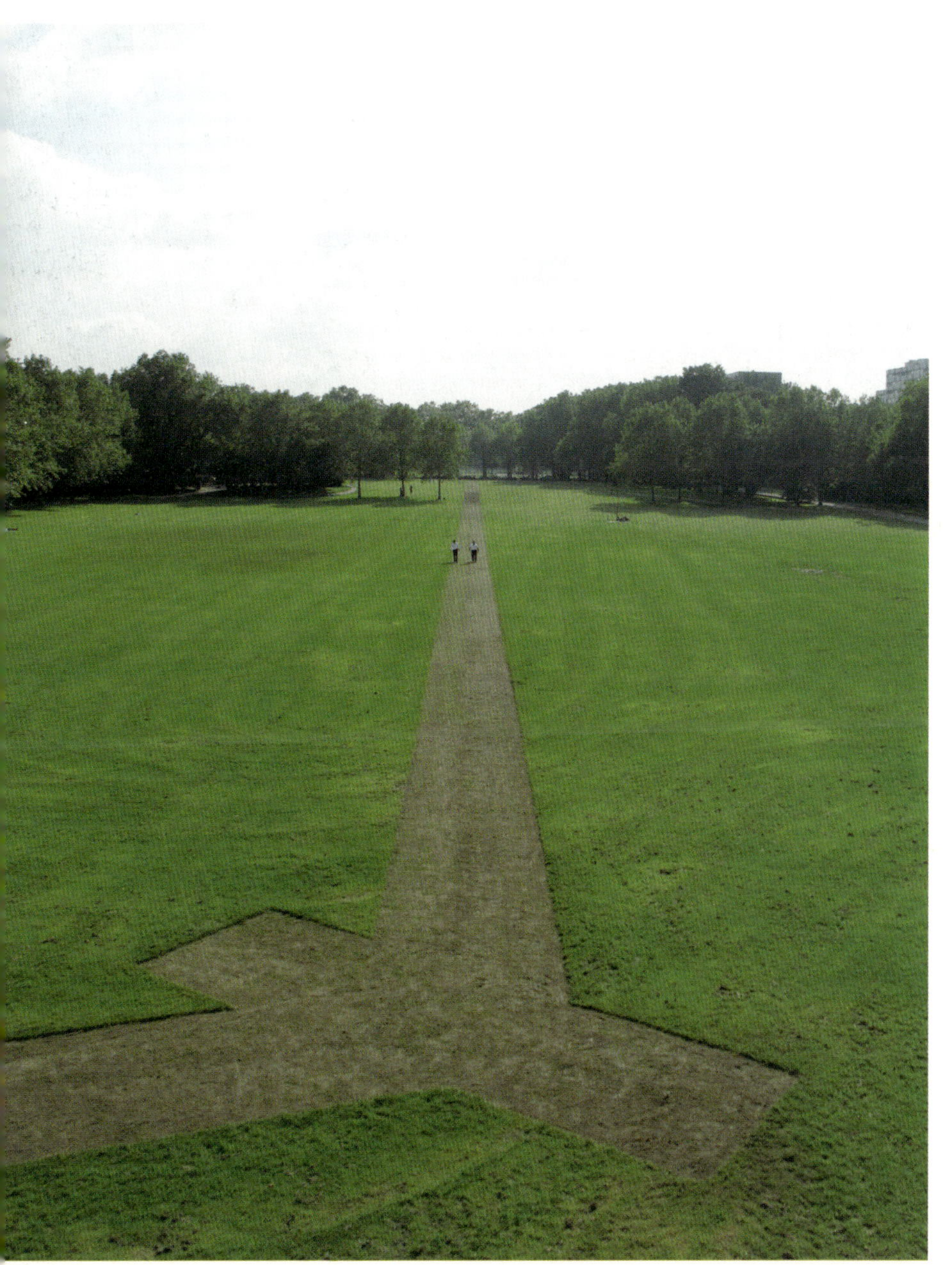

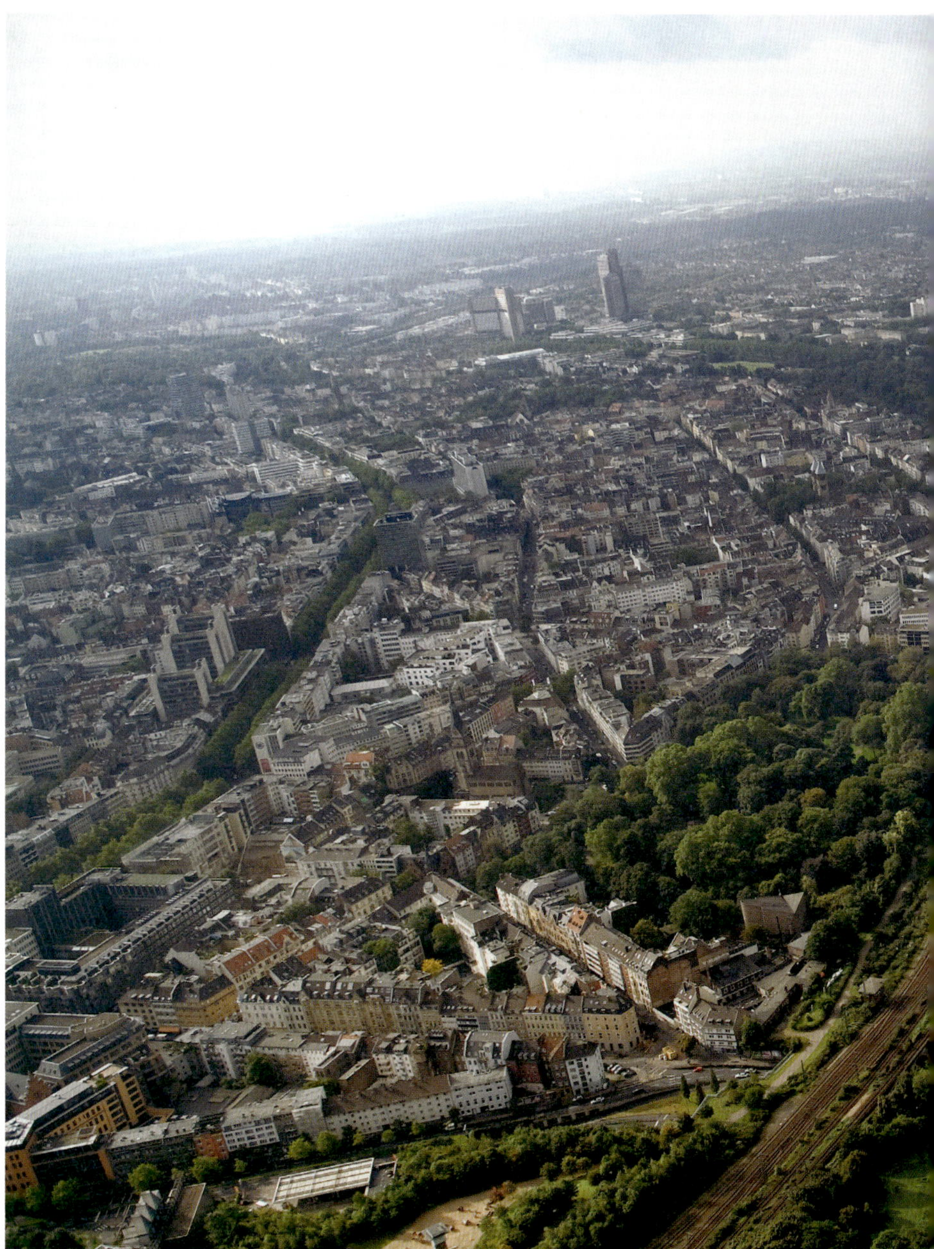

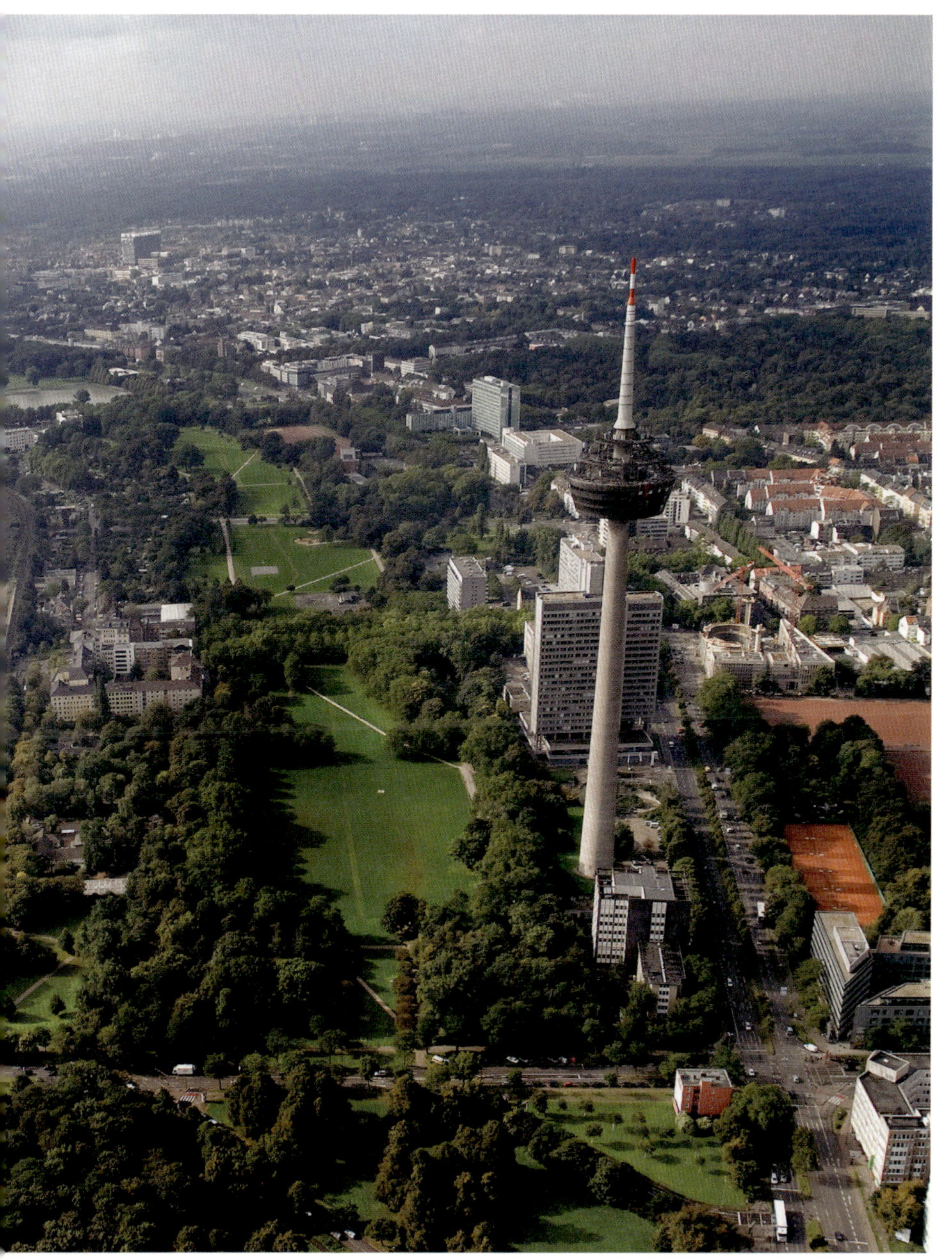

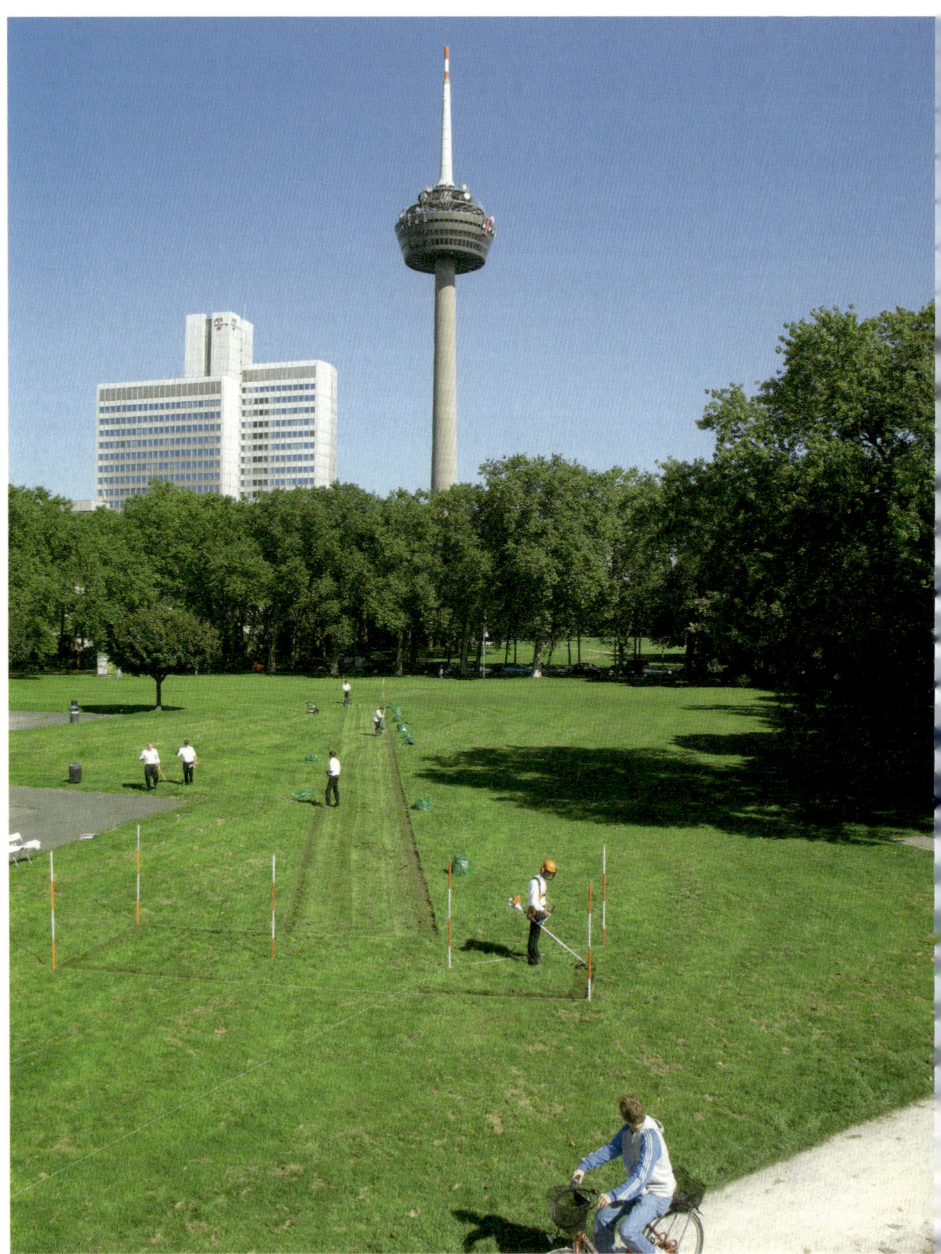

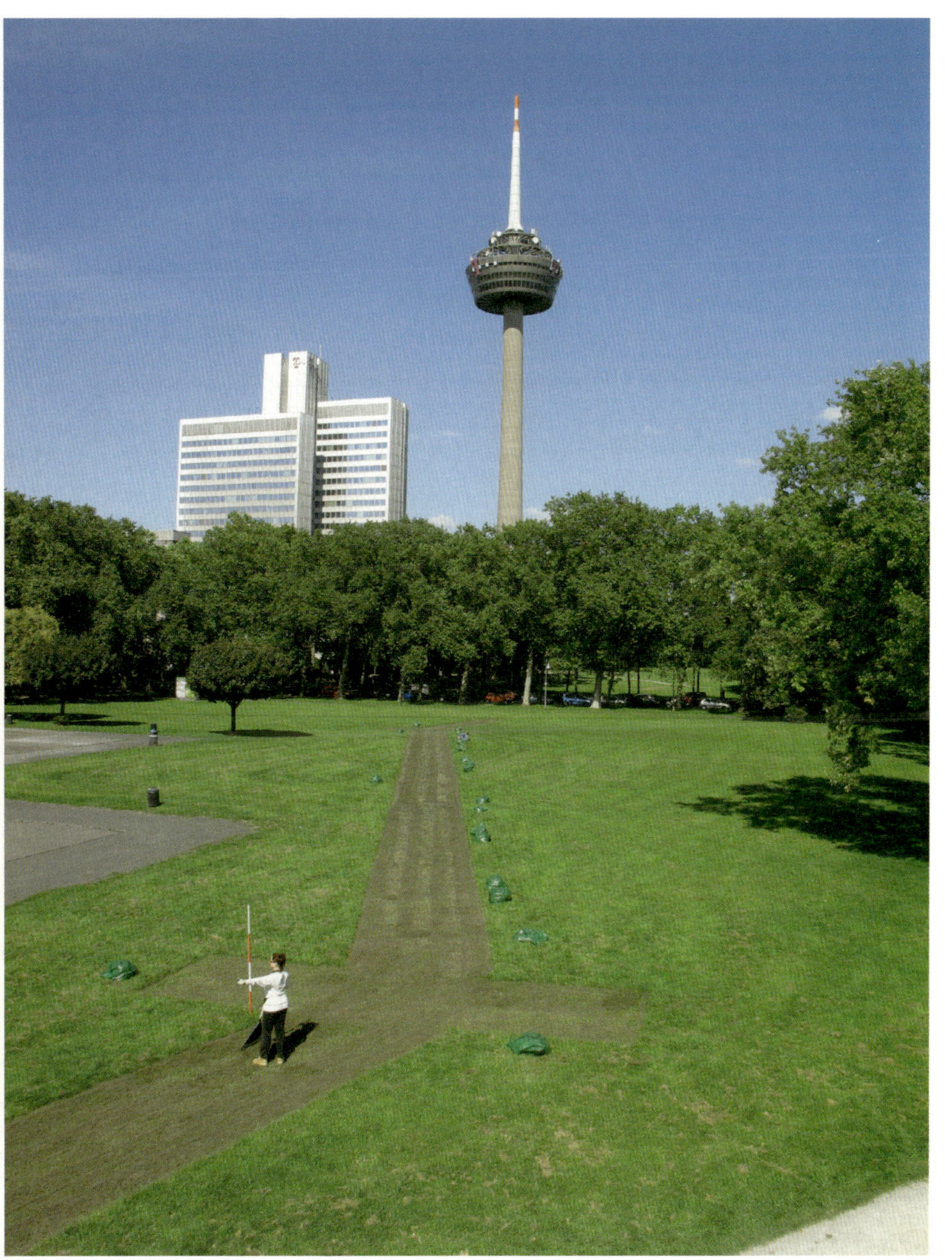

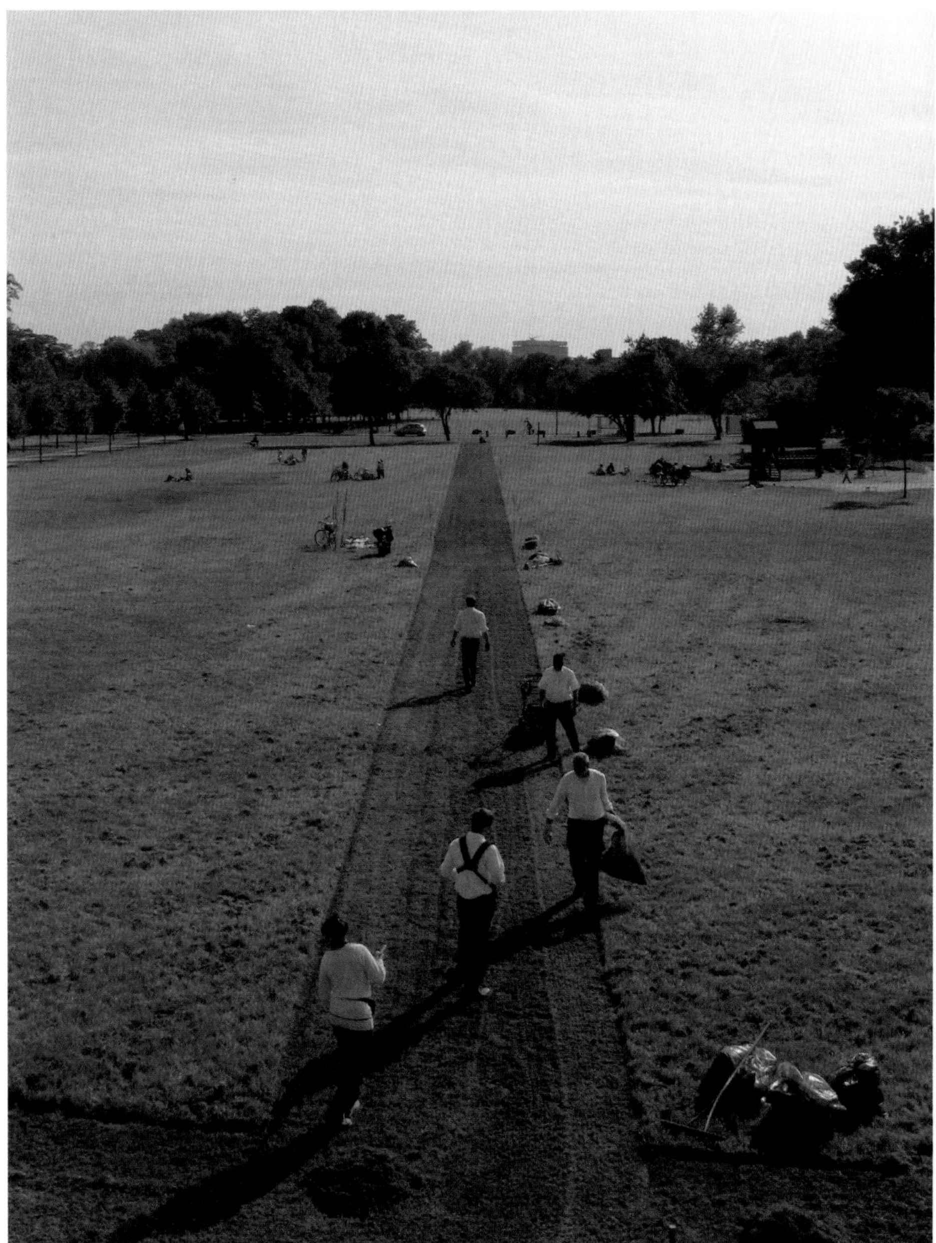

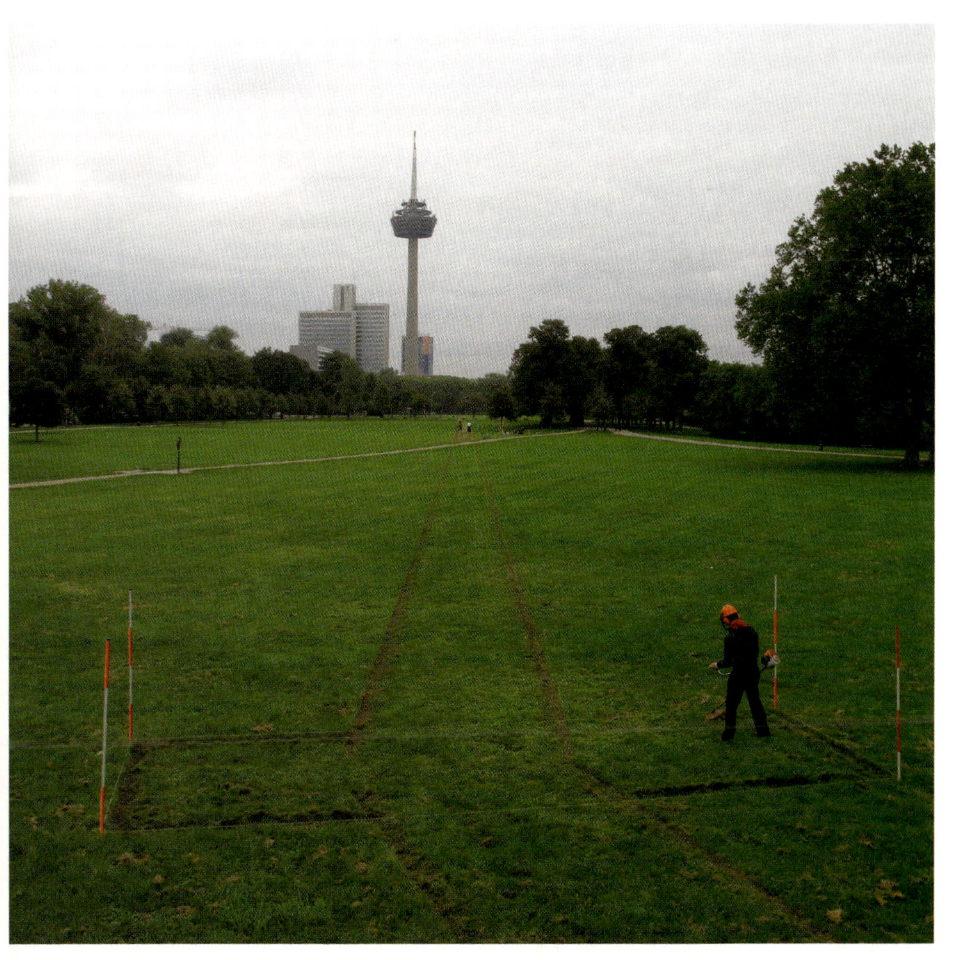

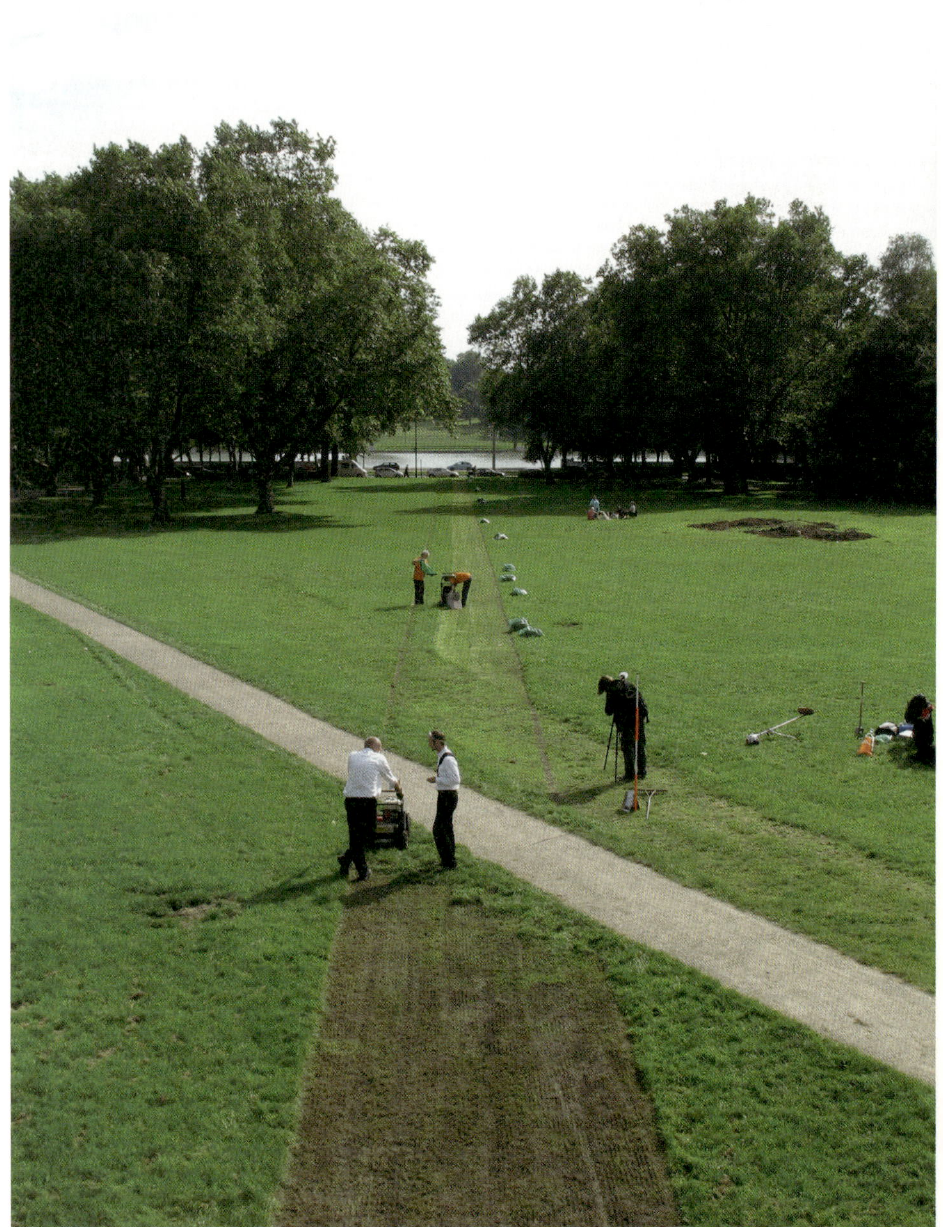

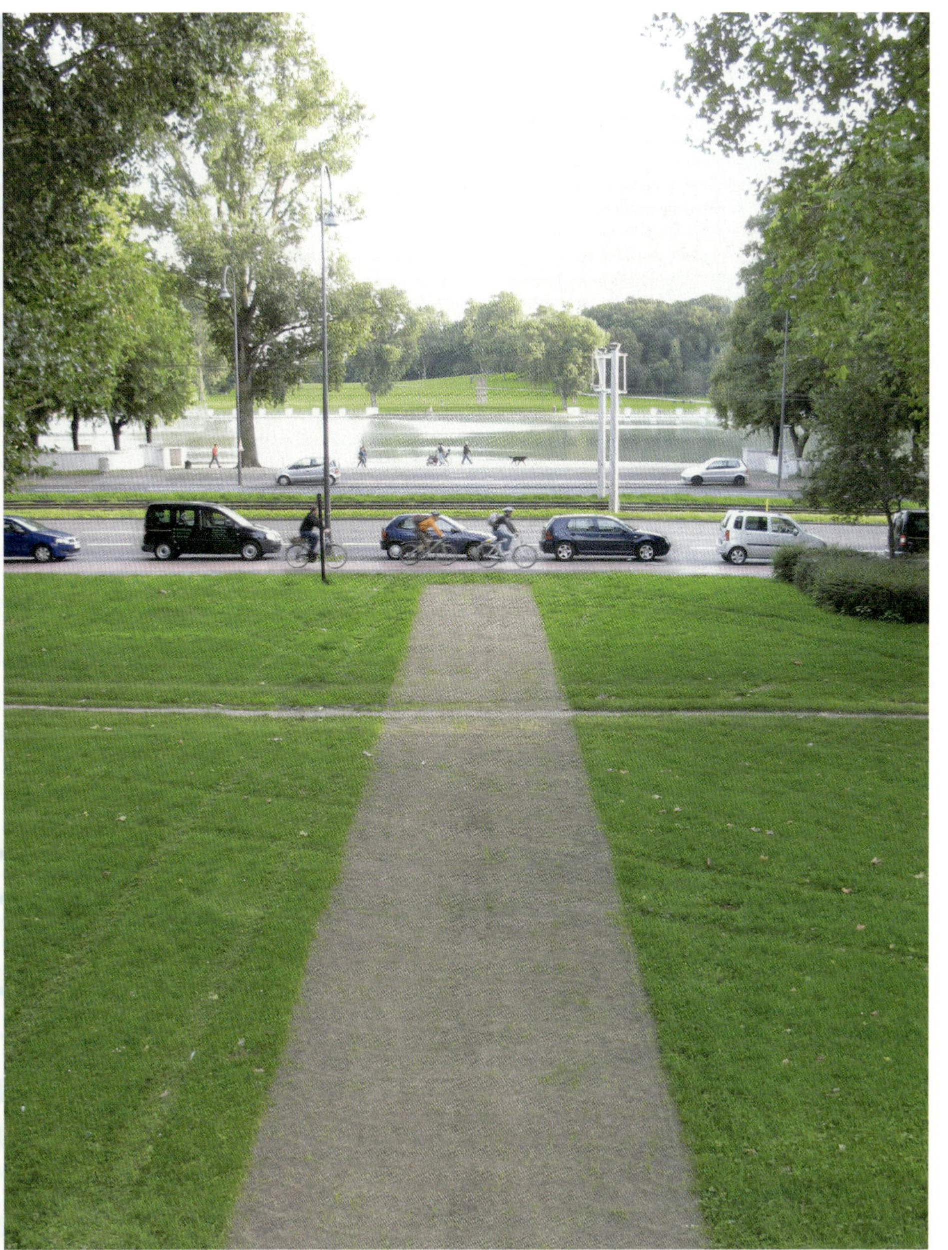

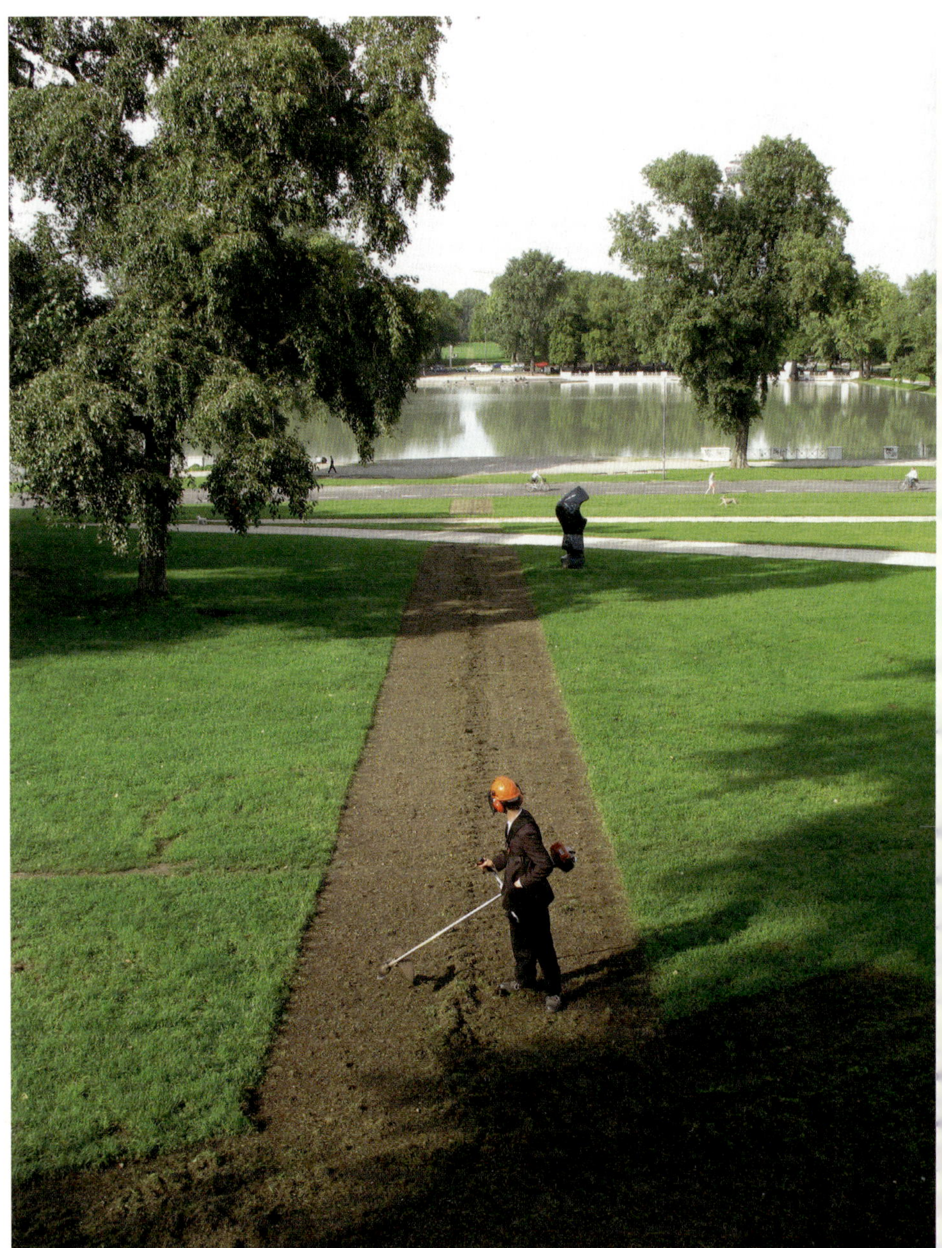

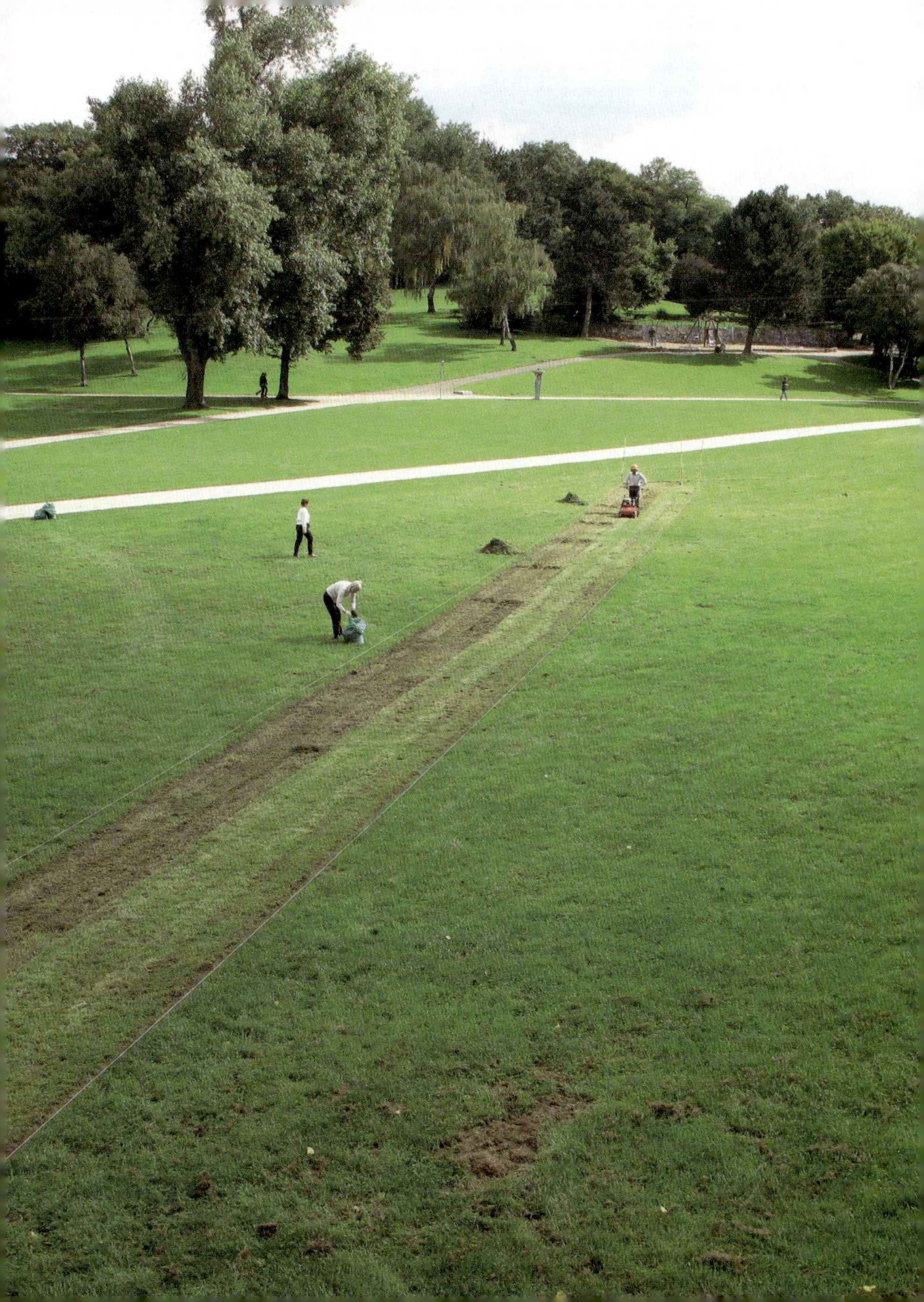

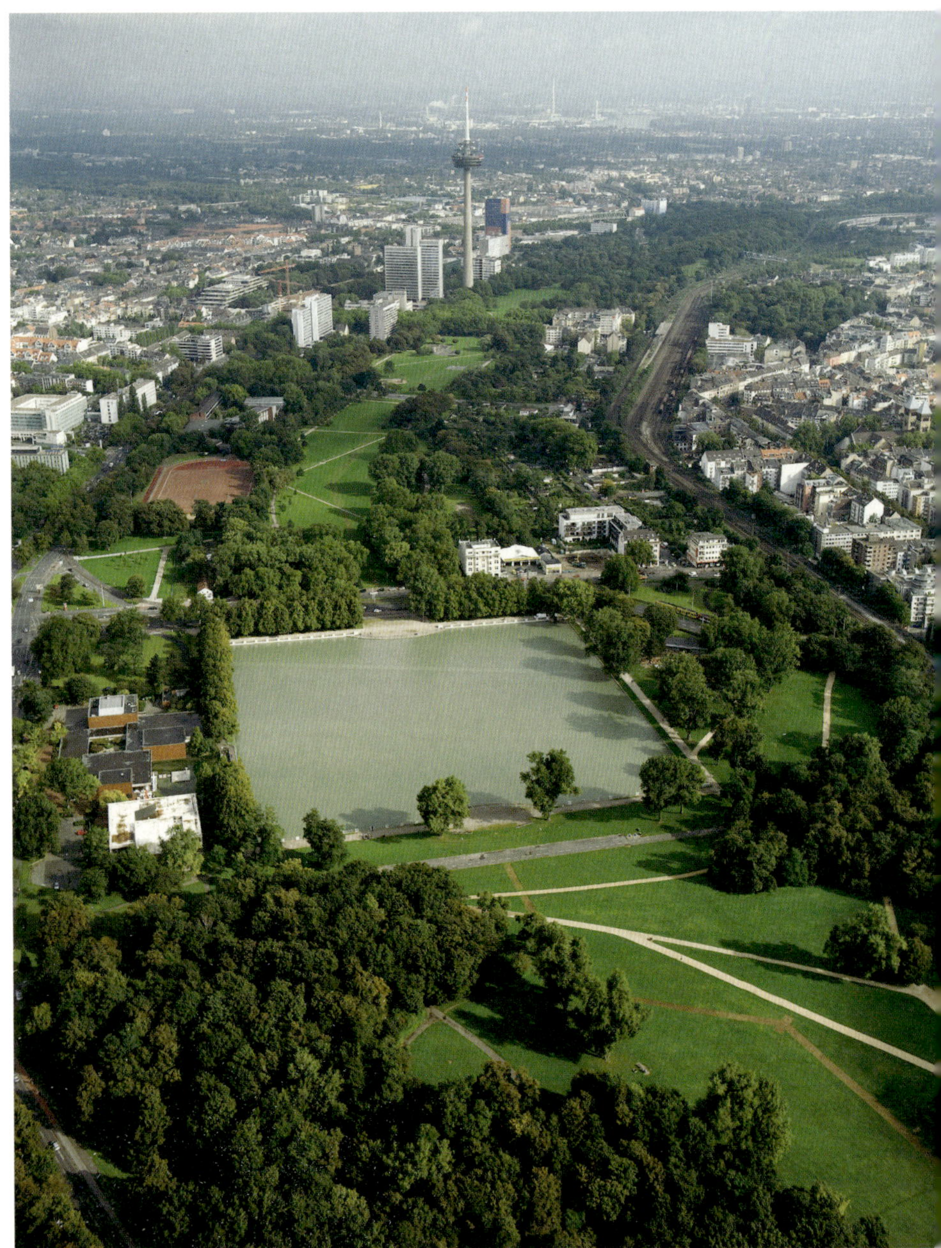

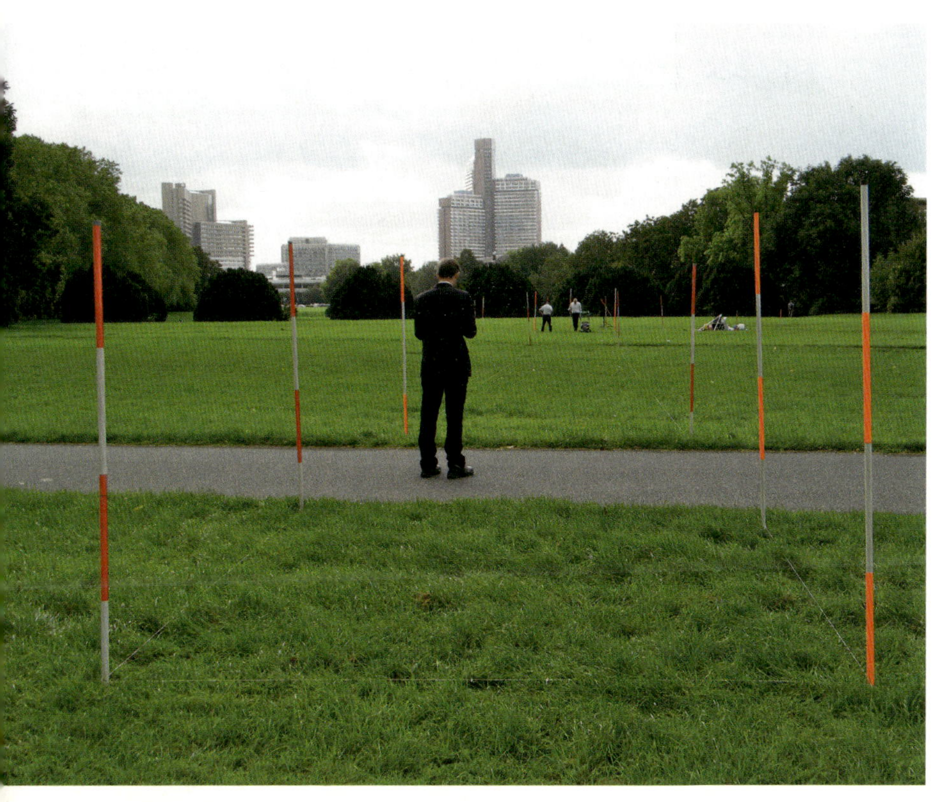

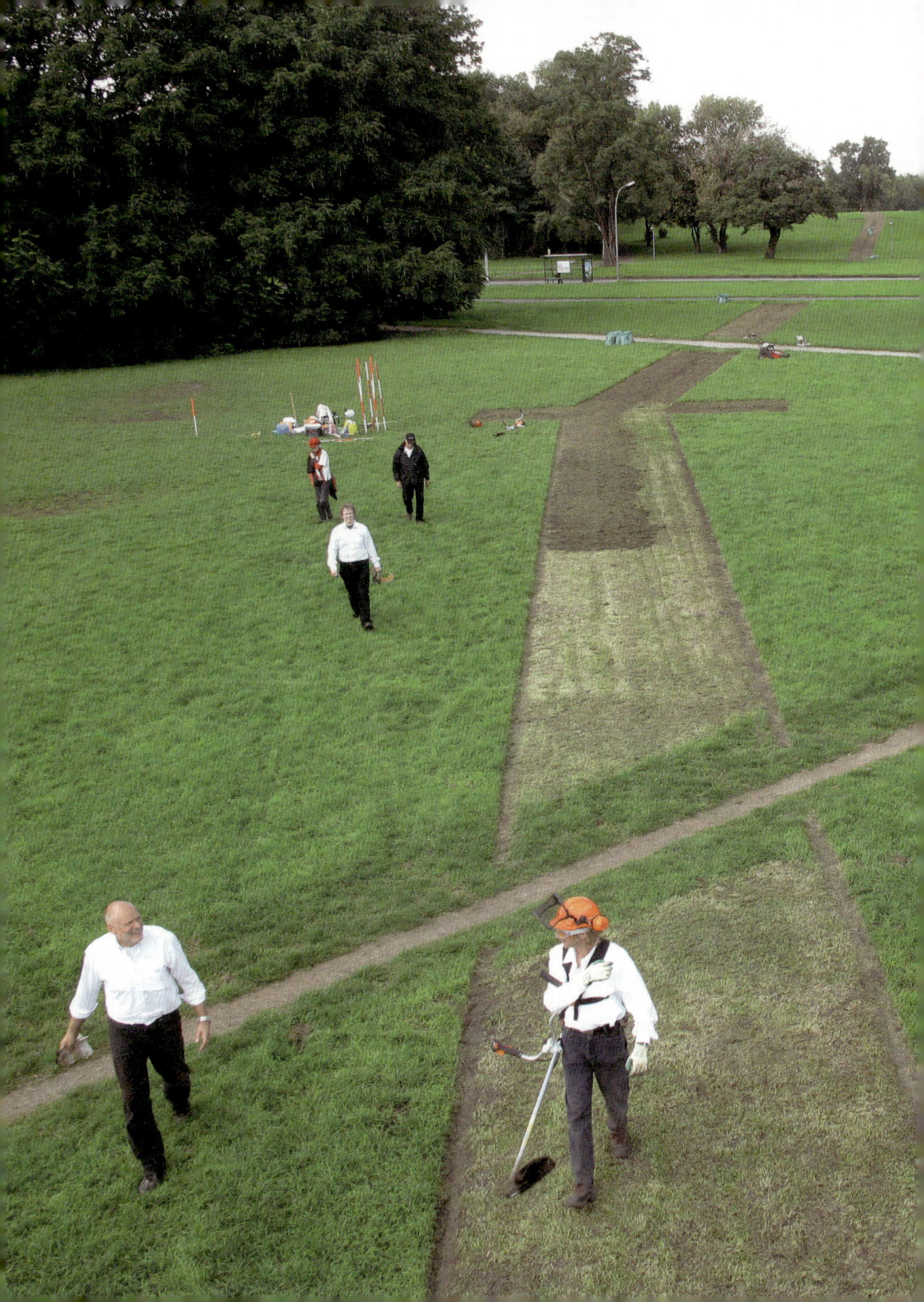

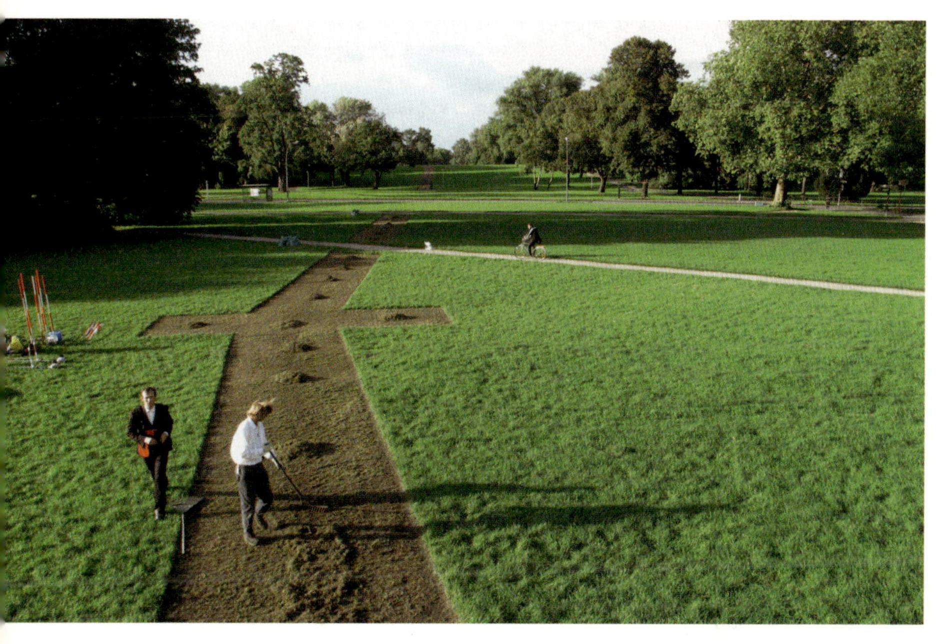

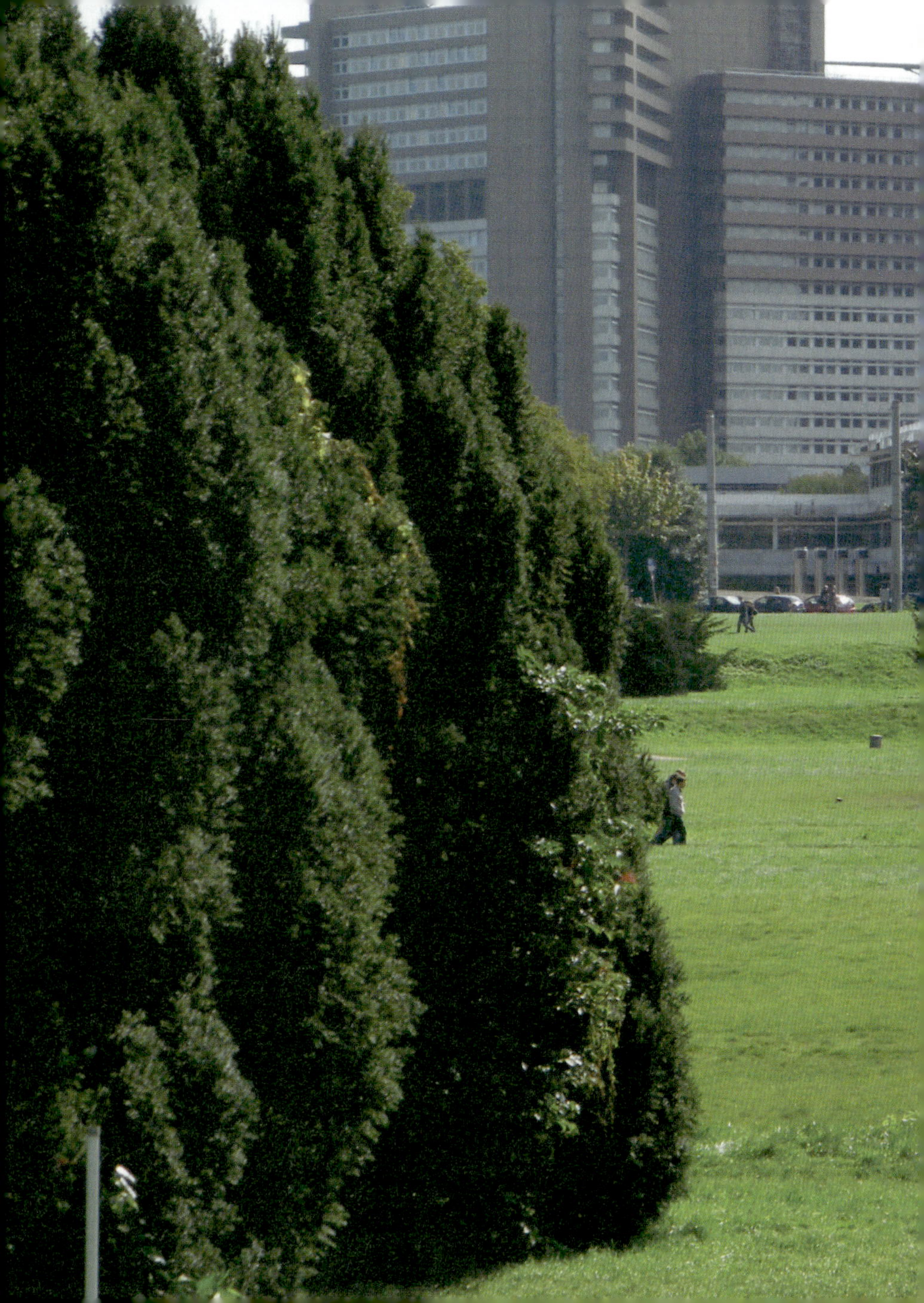

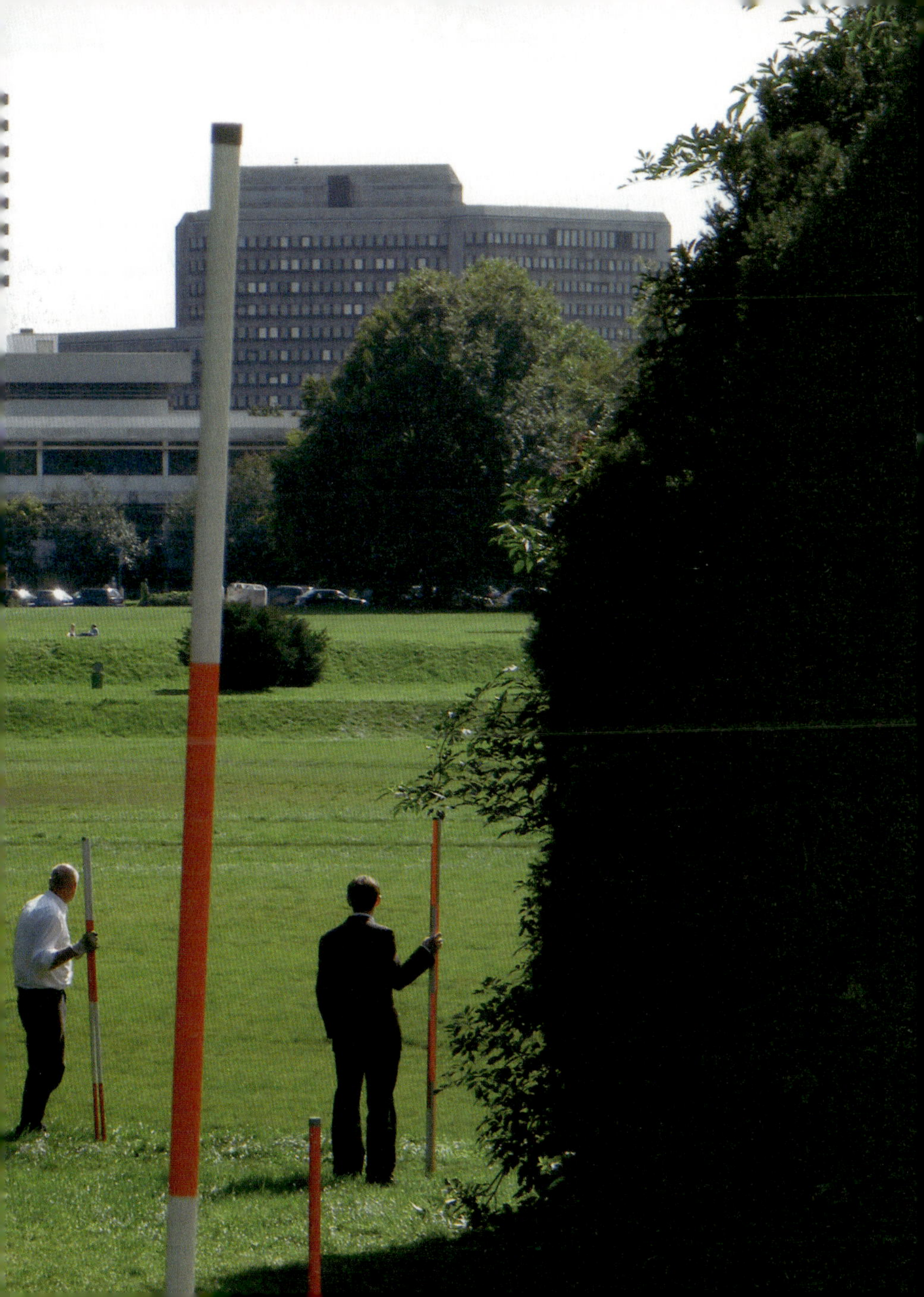

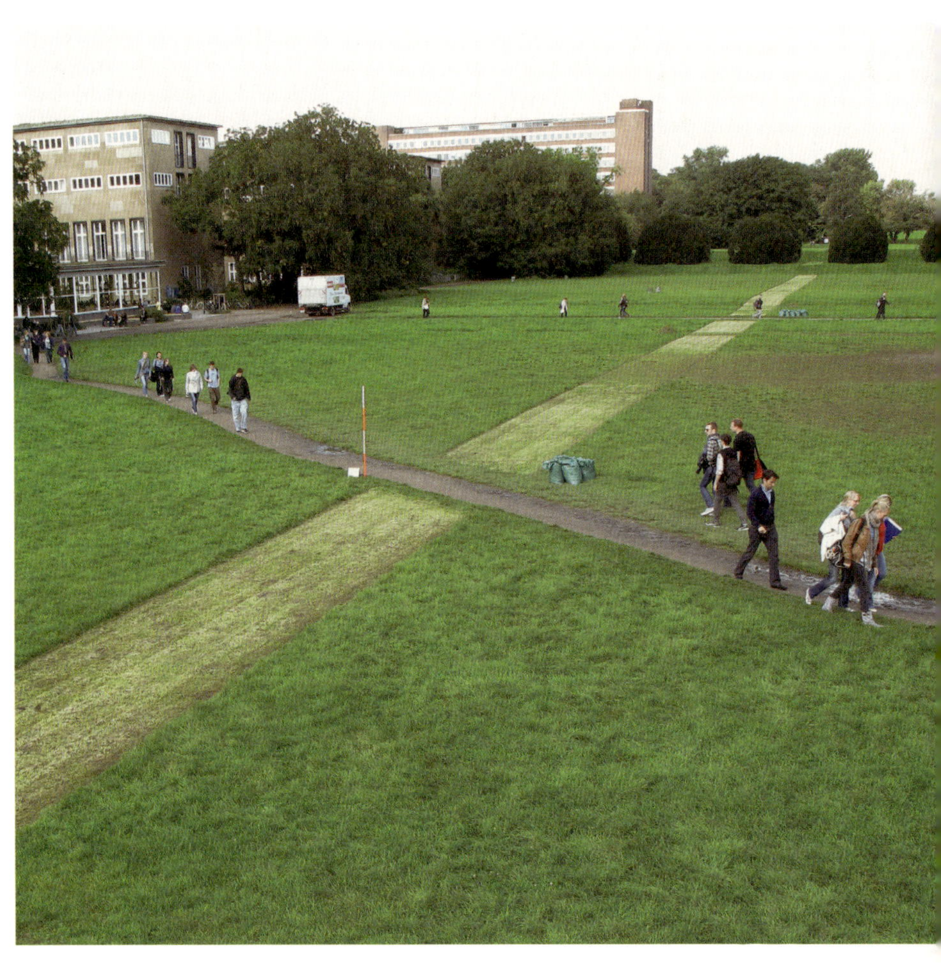

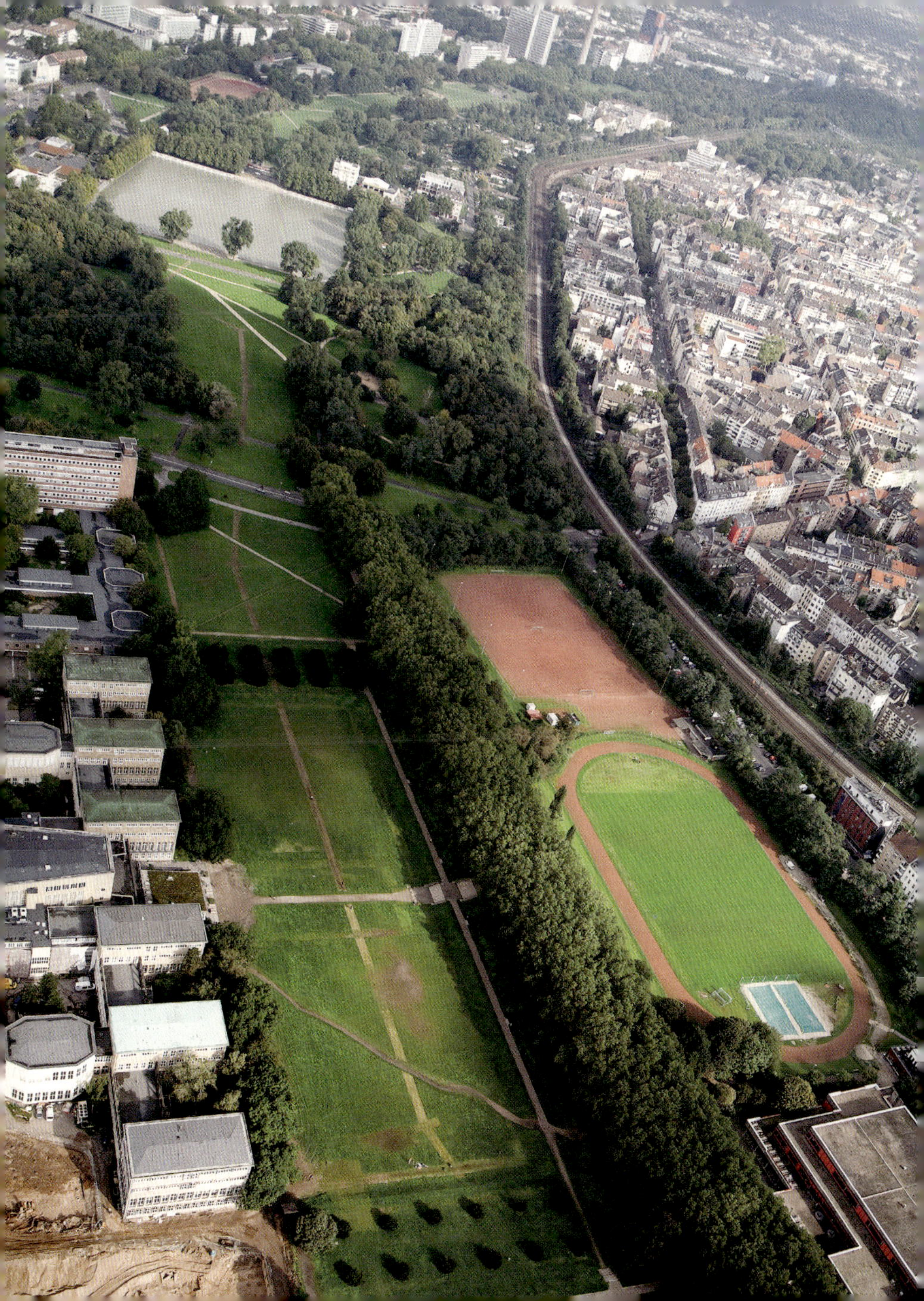

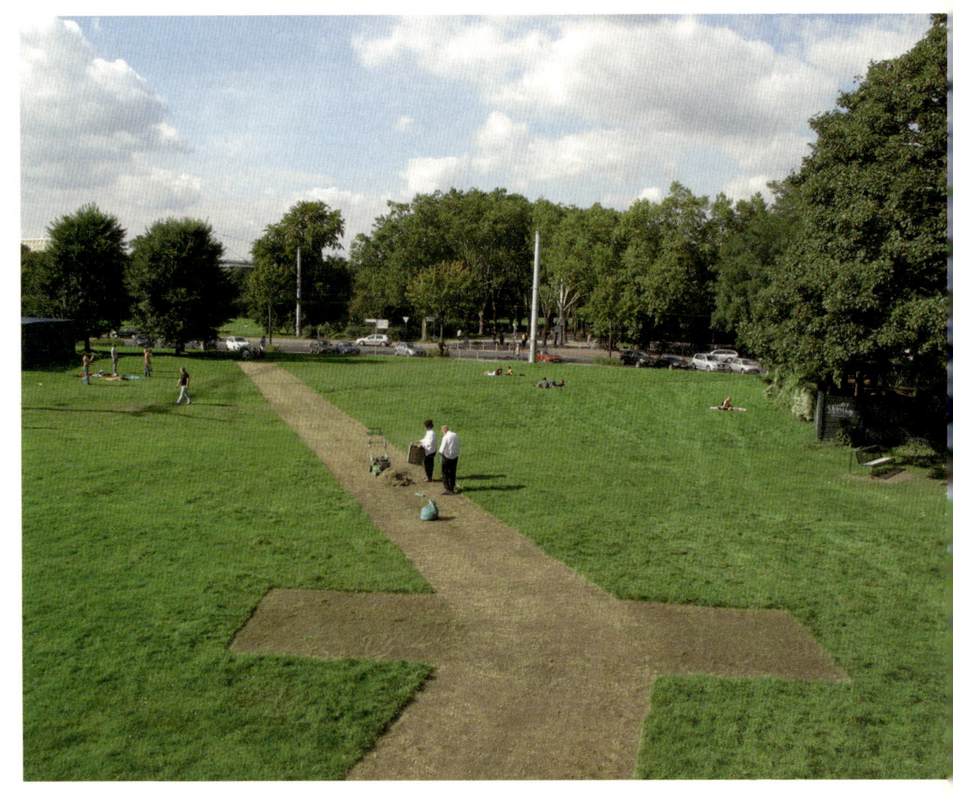

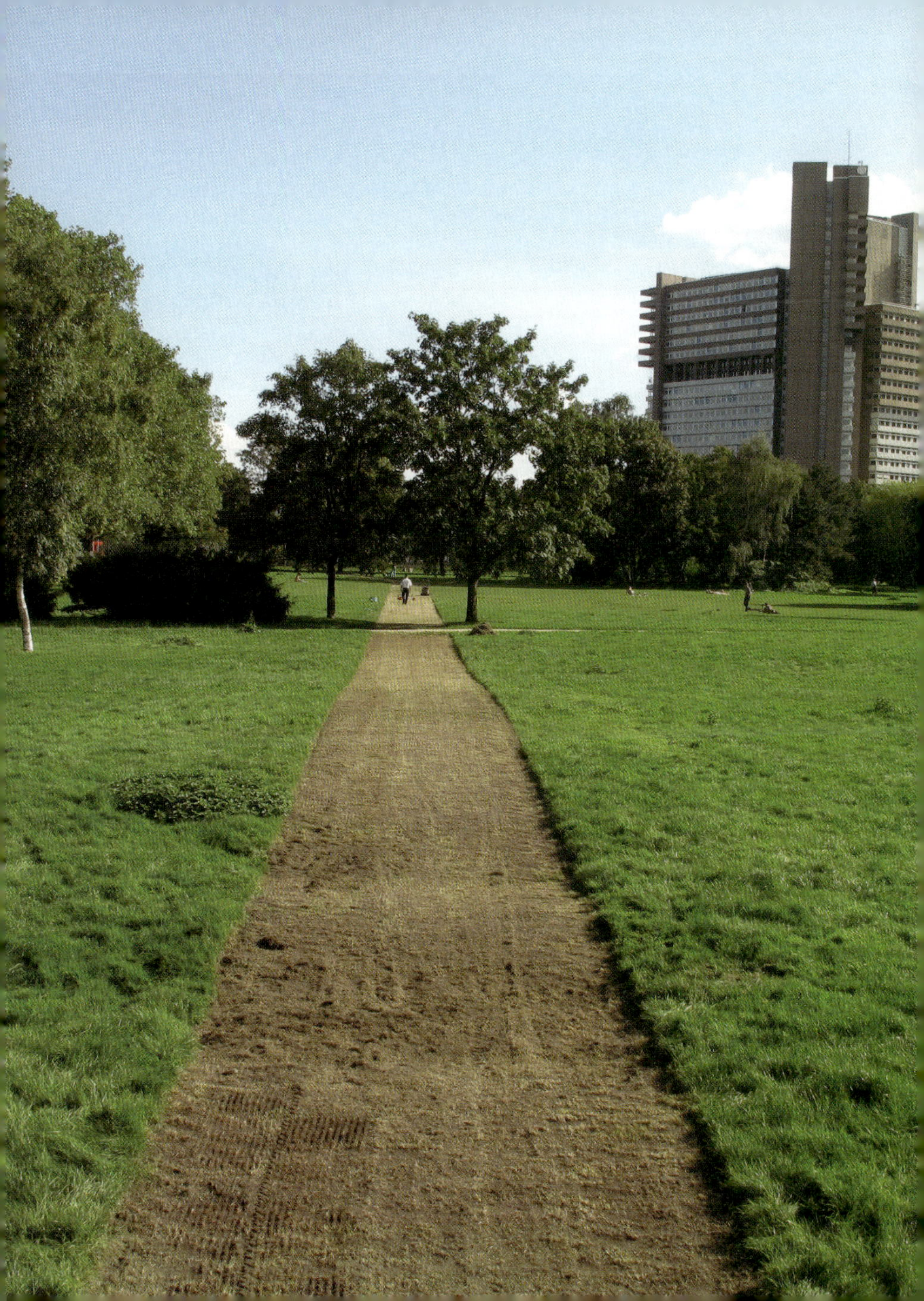

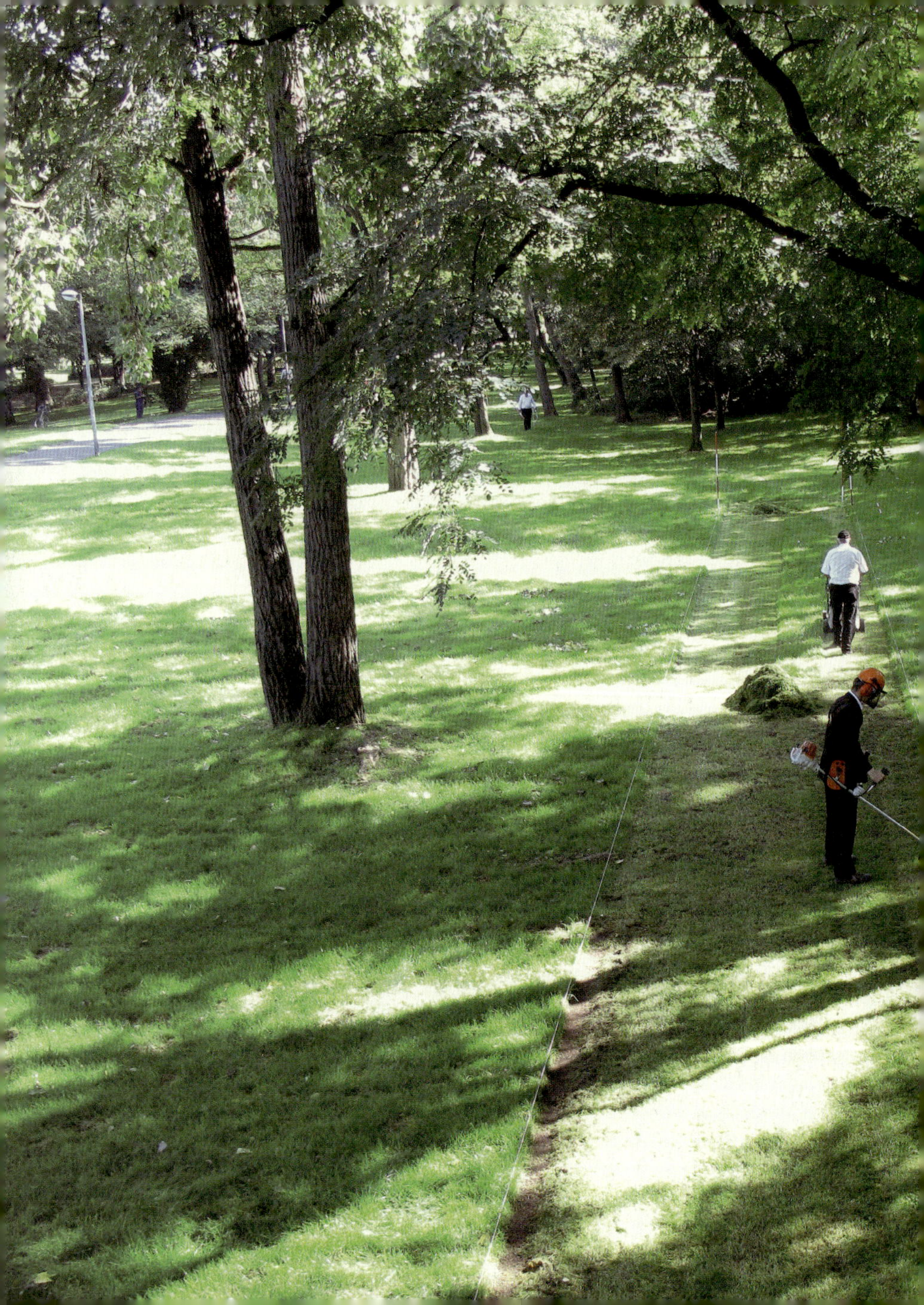

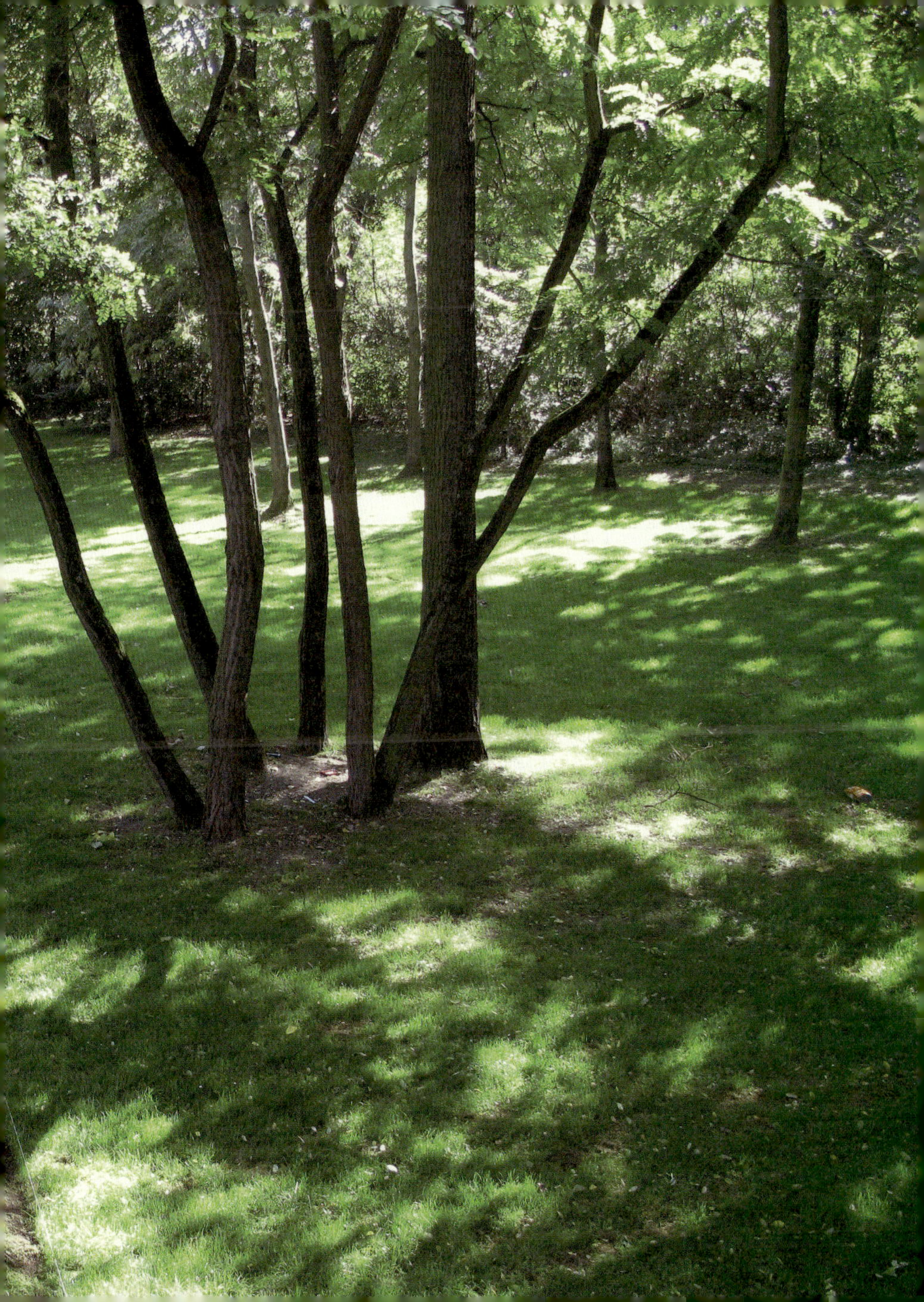

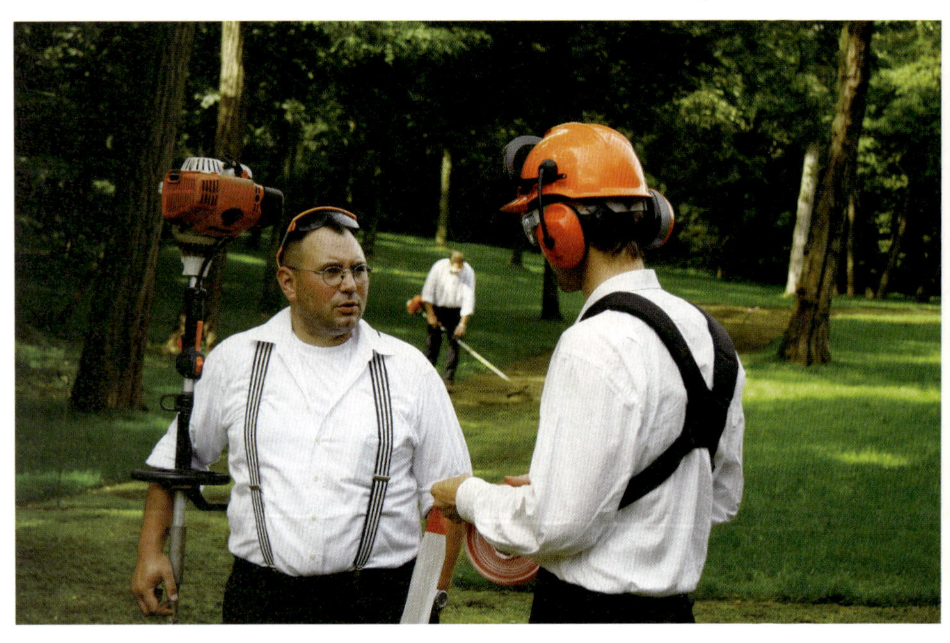

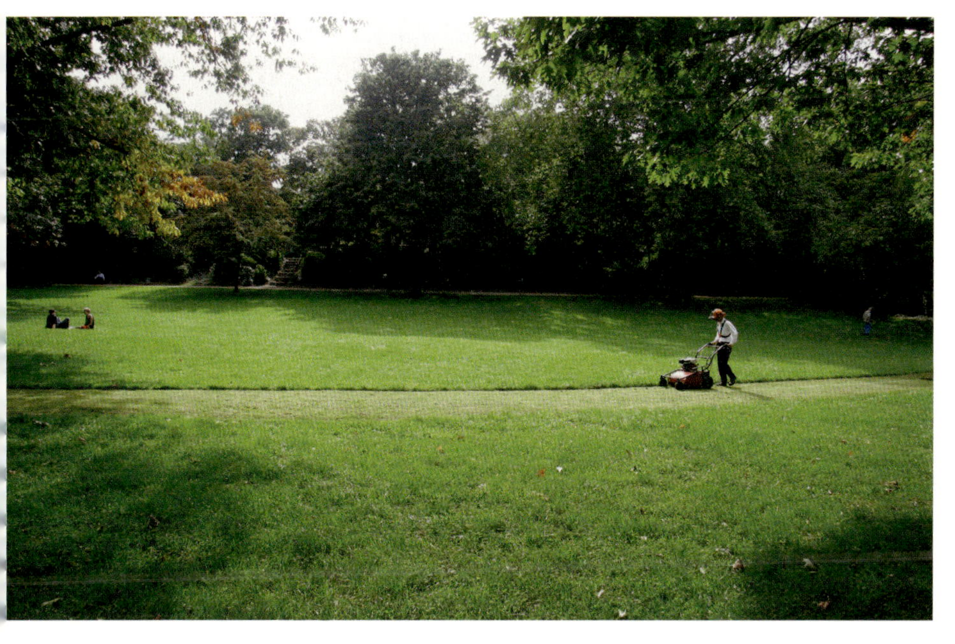

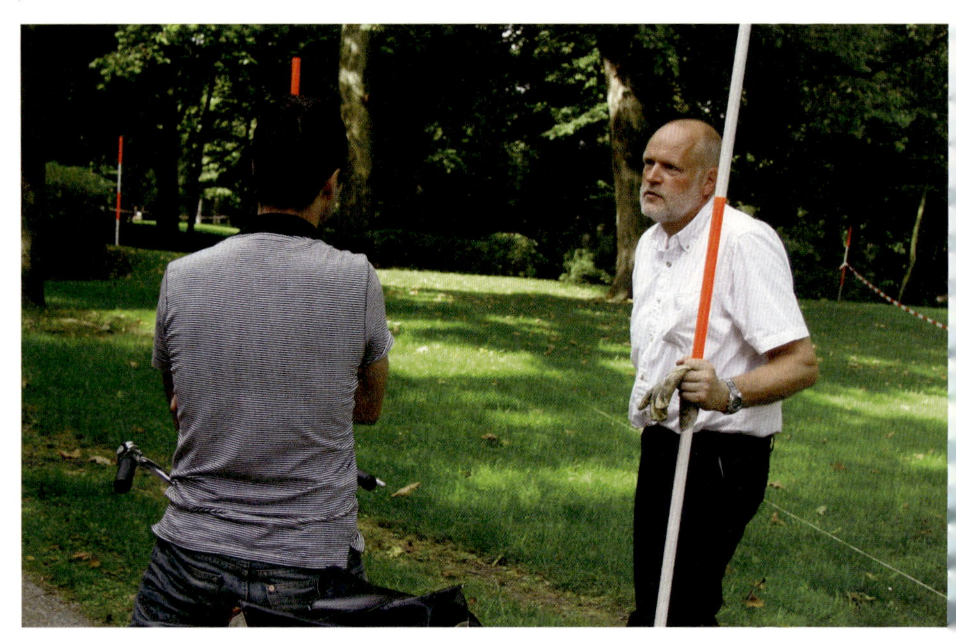

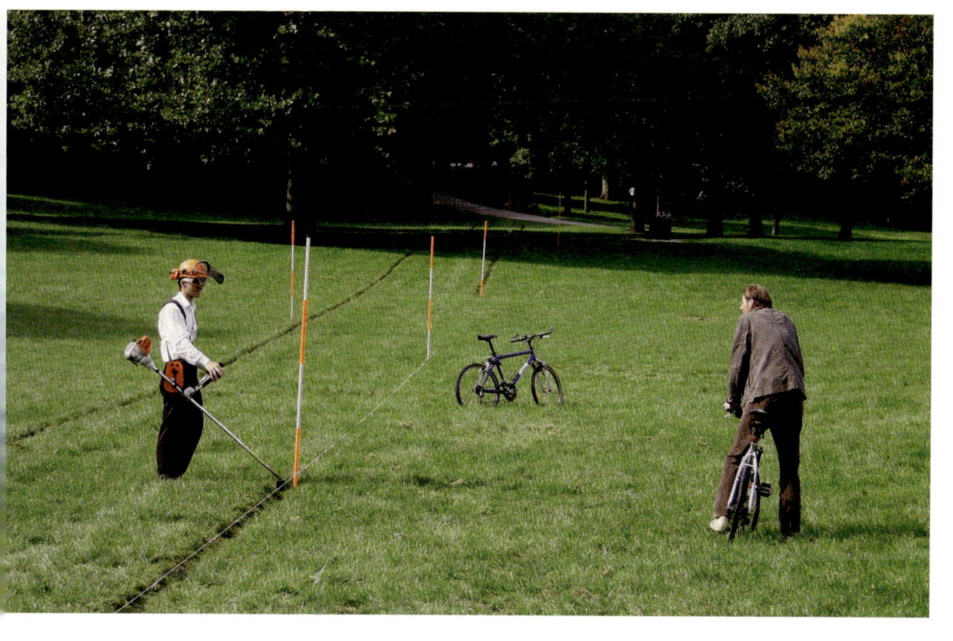

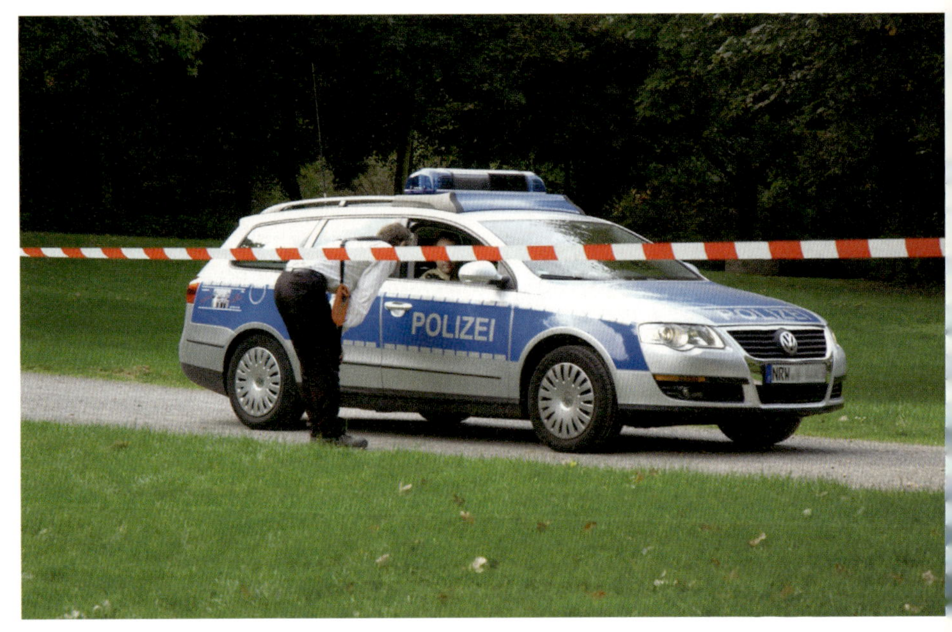

POLIZEI
POLIZEI
NRW

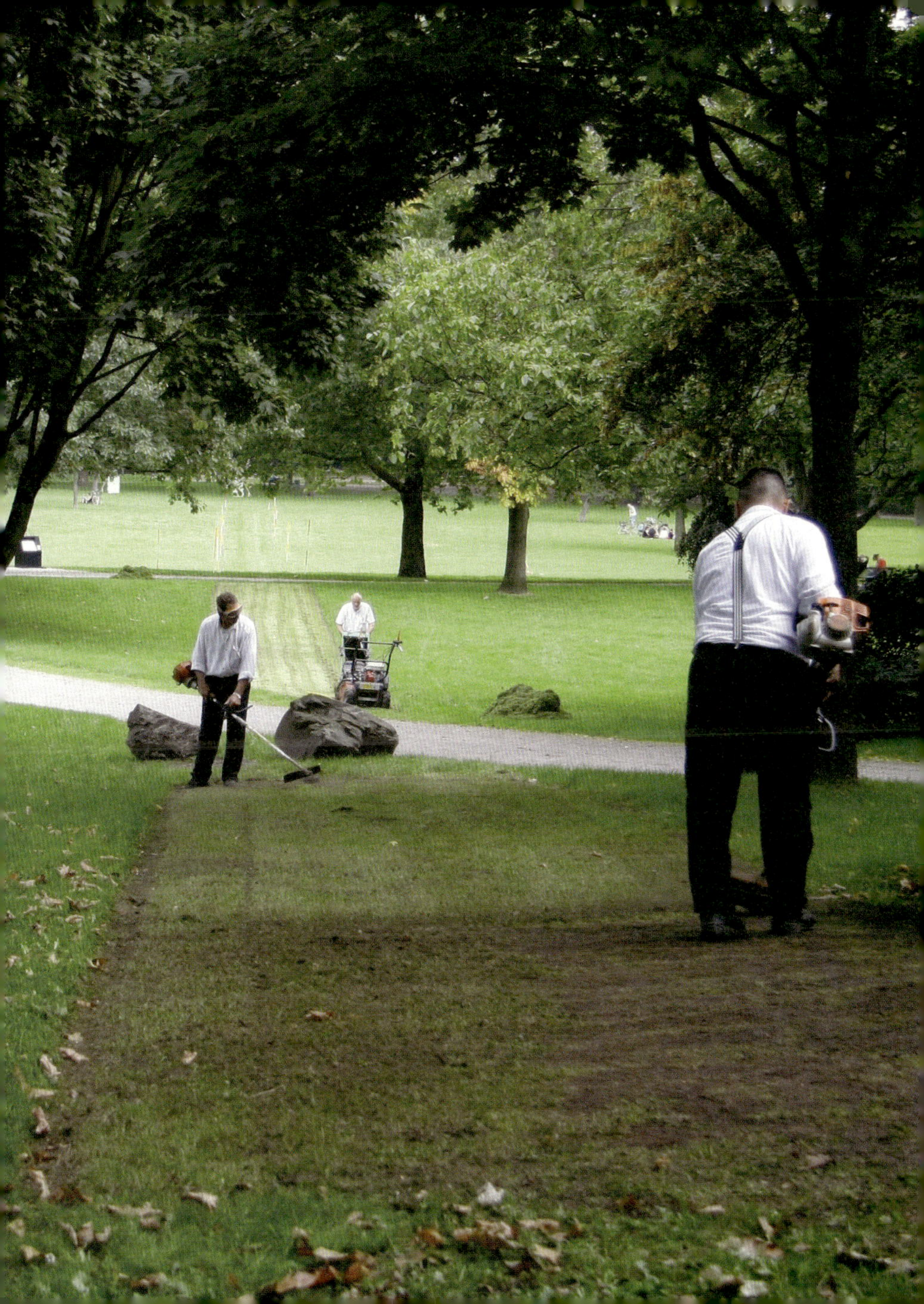

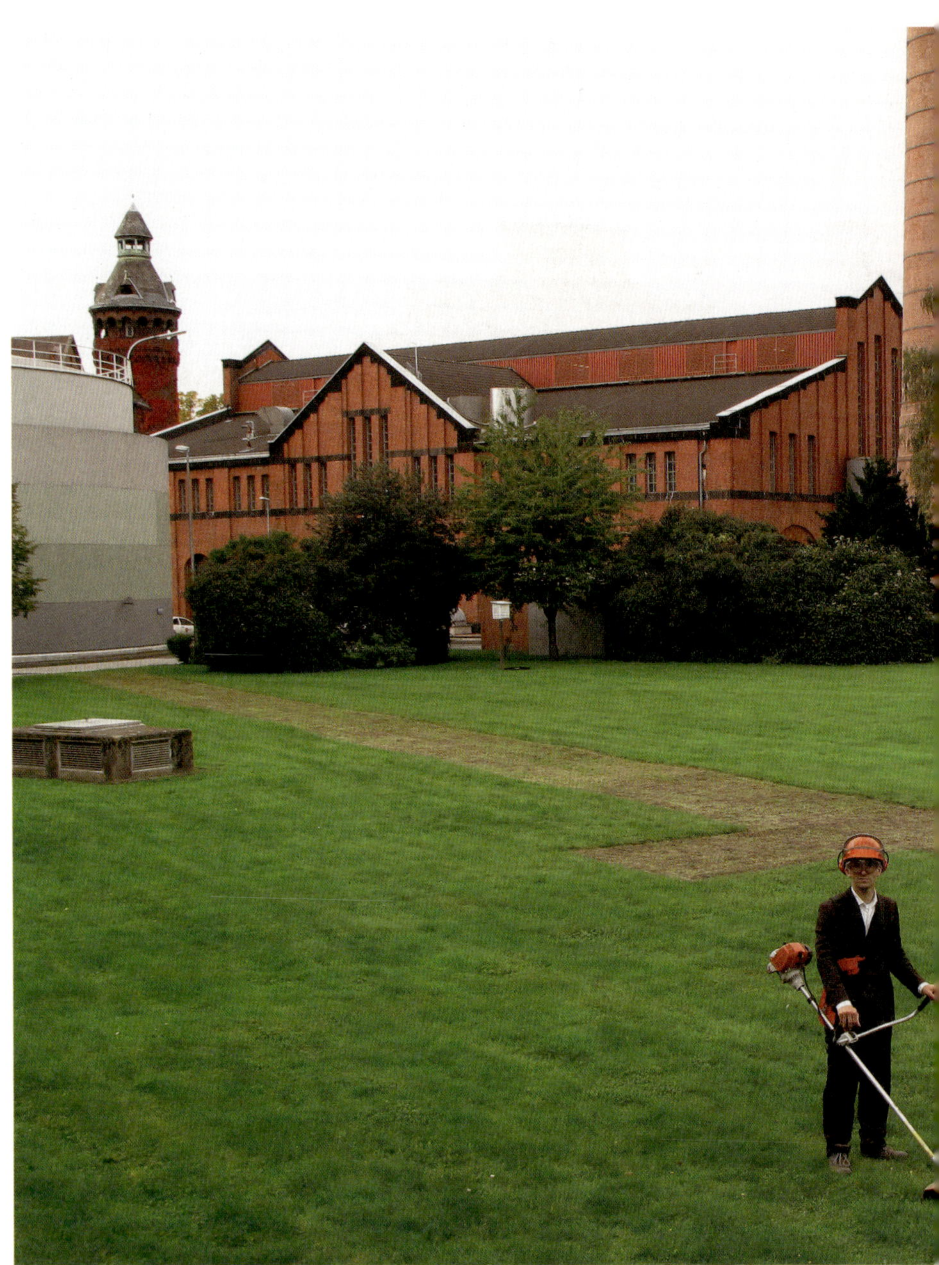

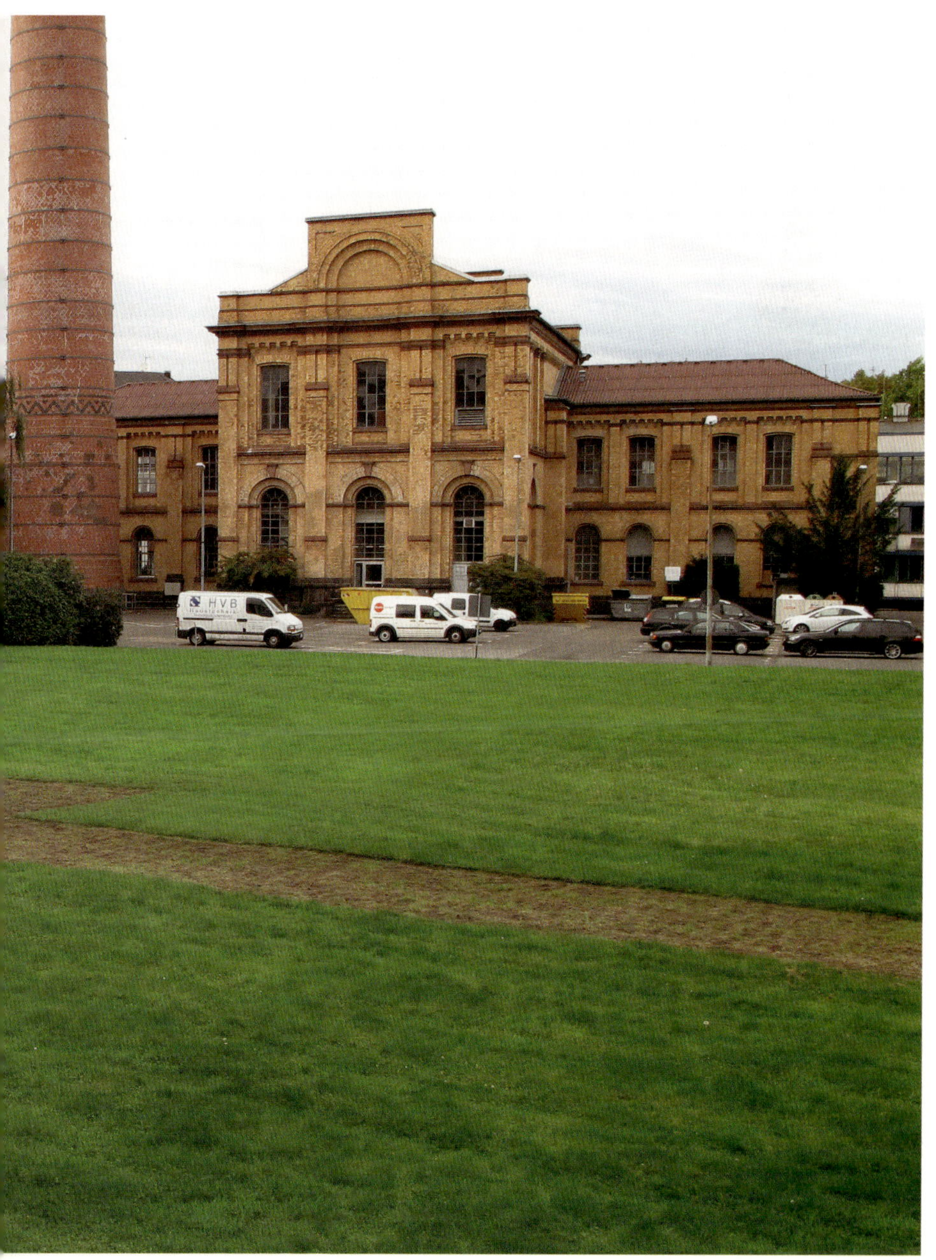

HVB
Hausreinigung

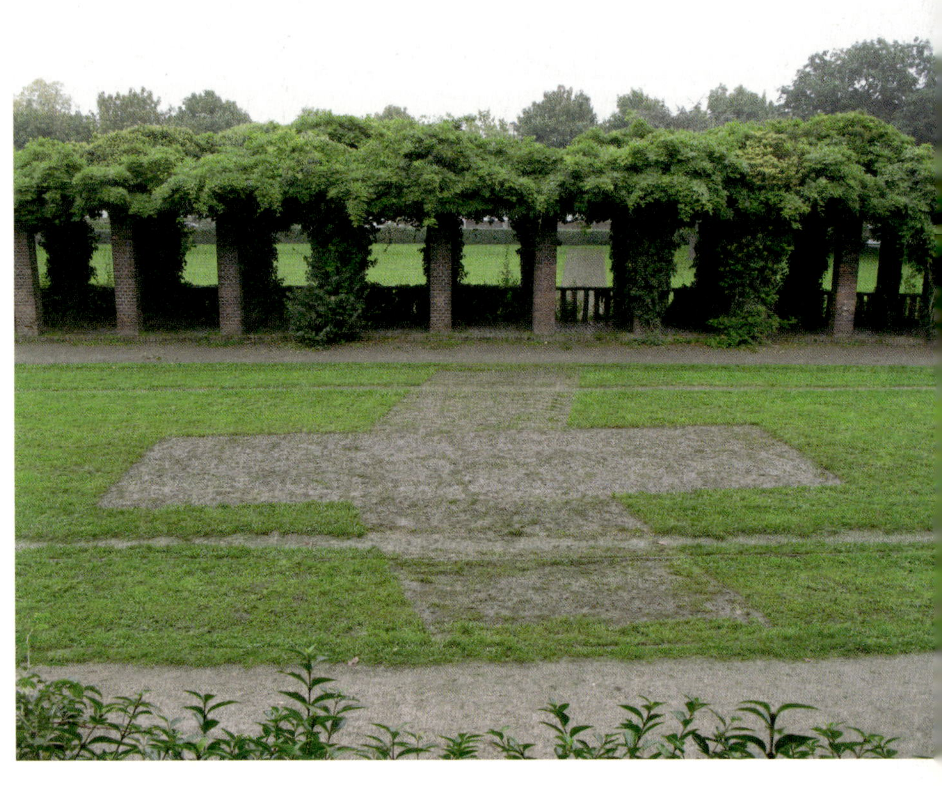

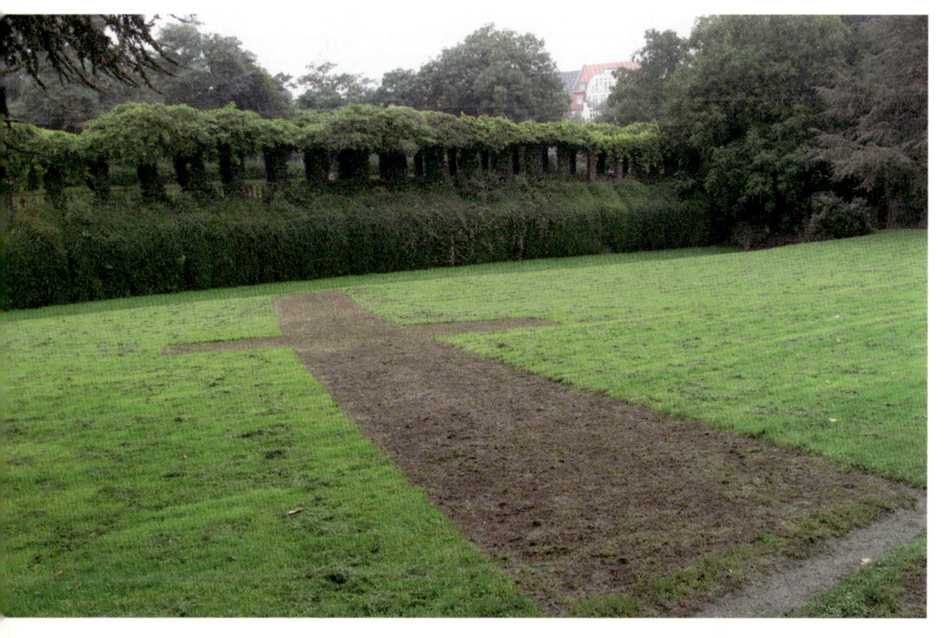

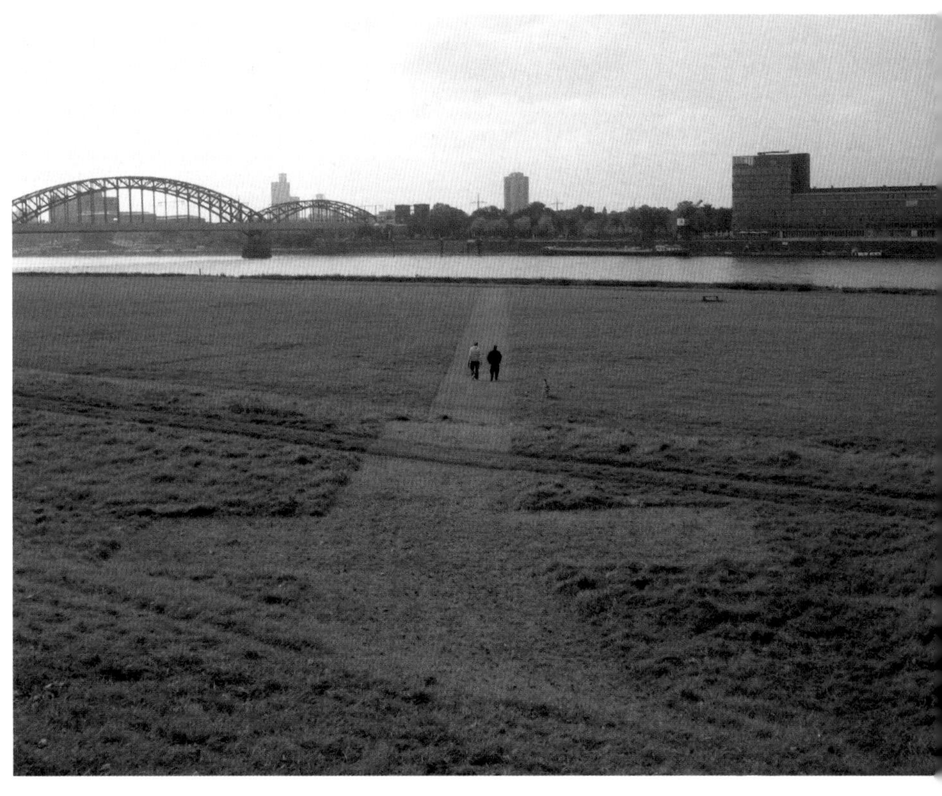

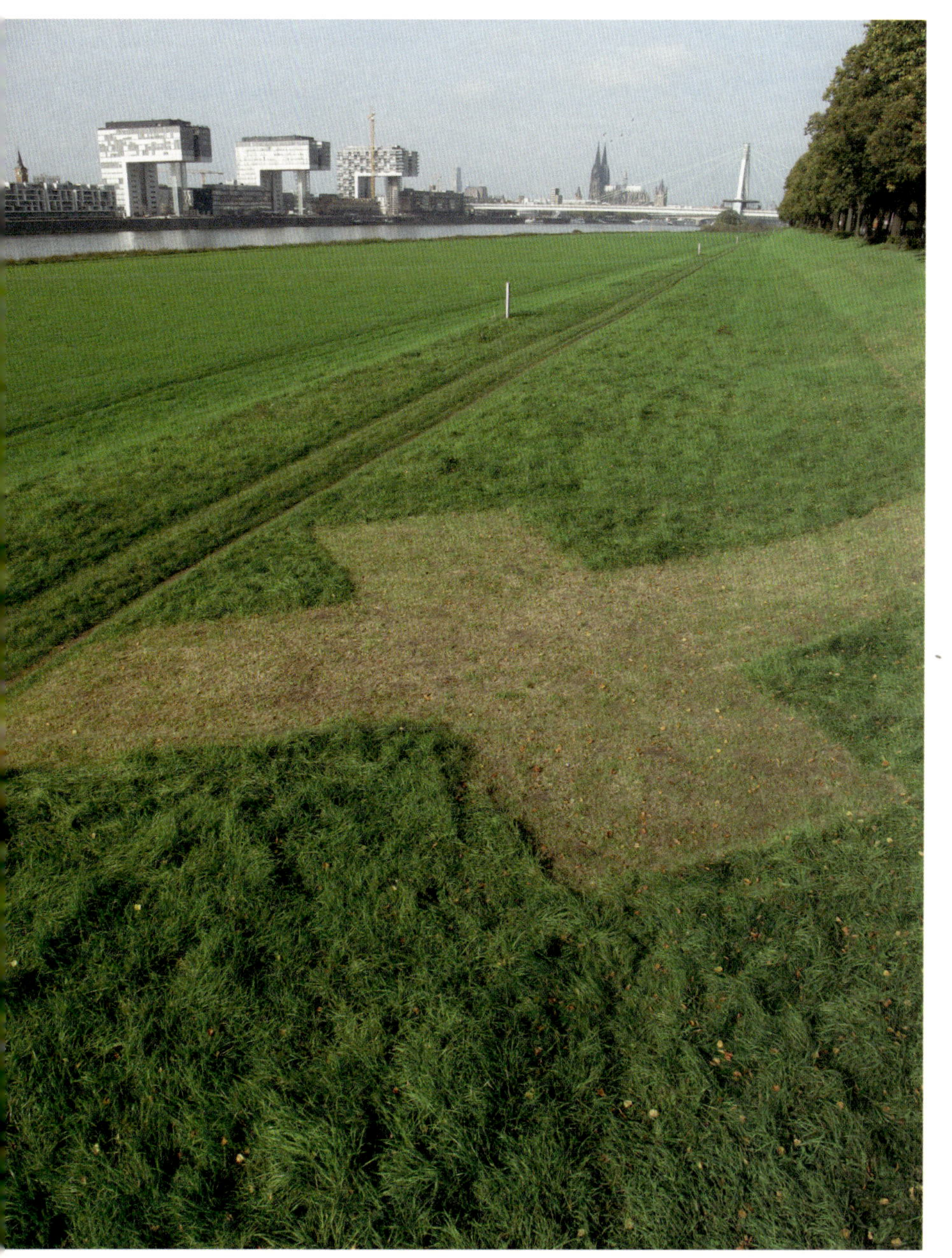

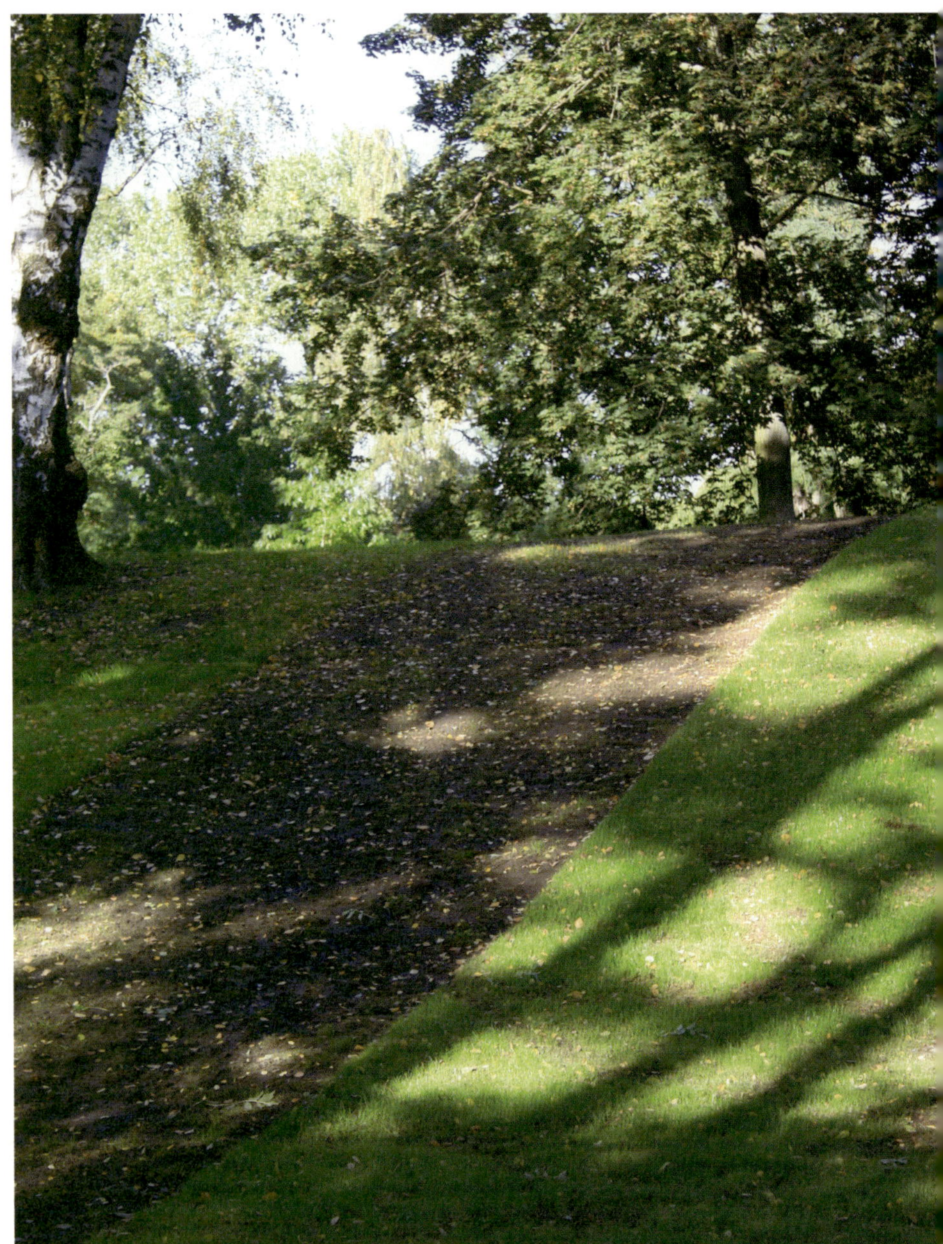

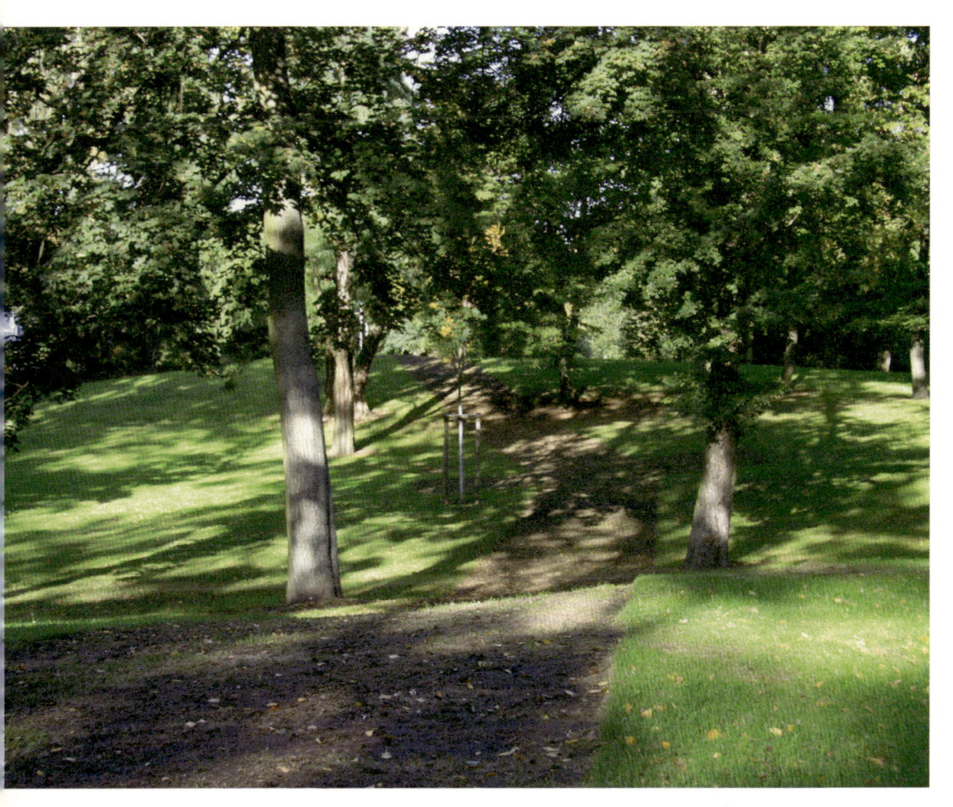

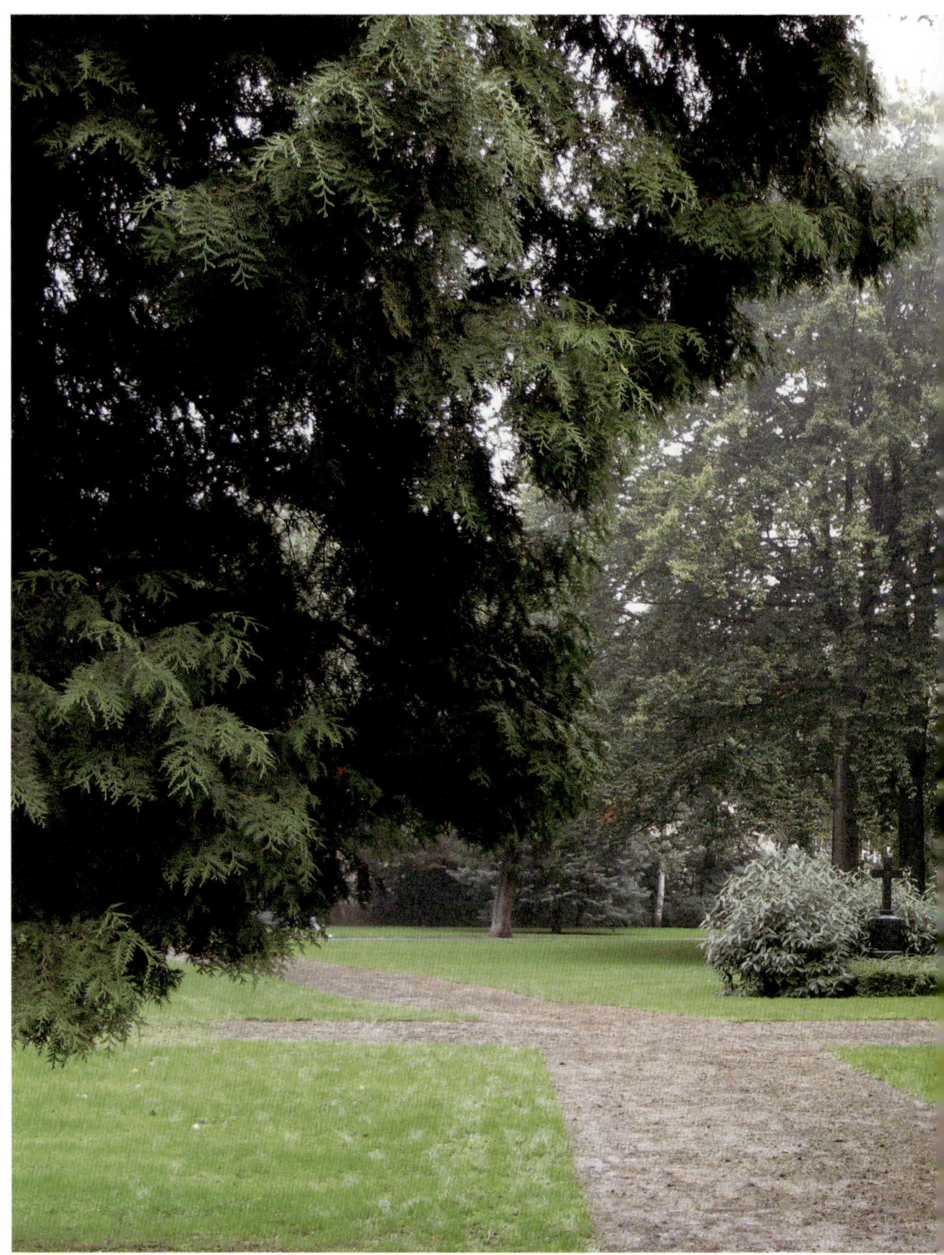

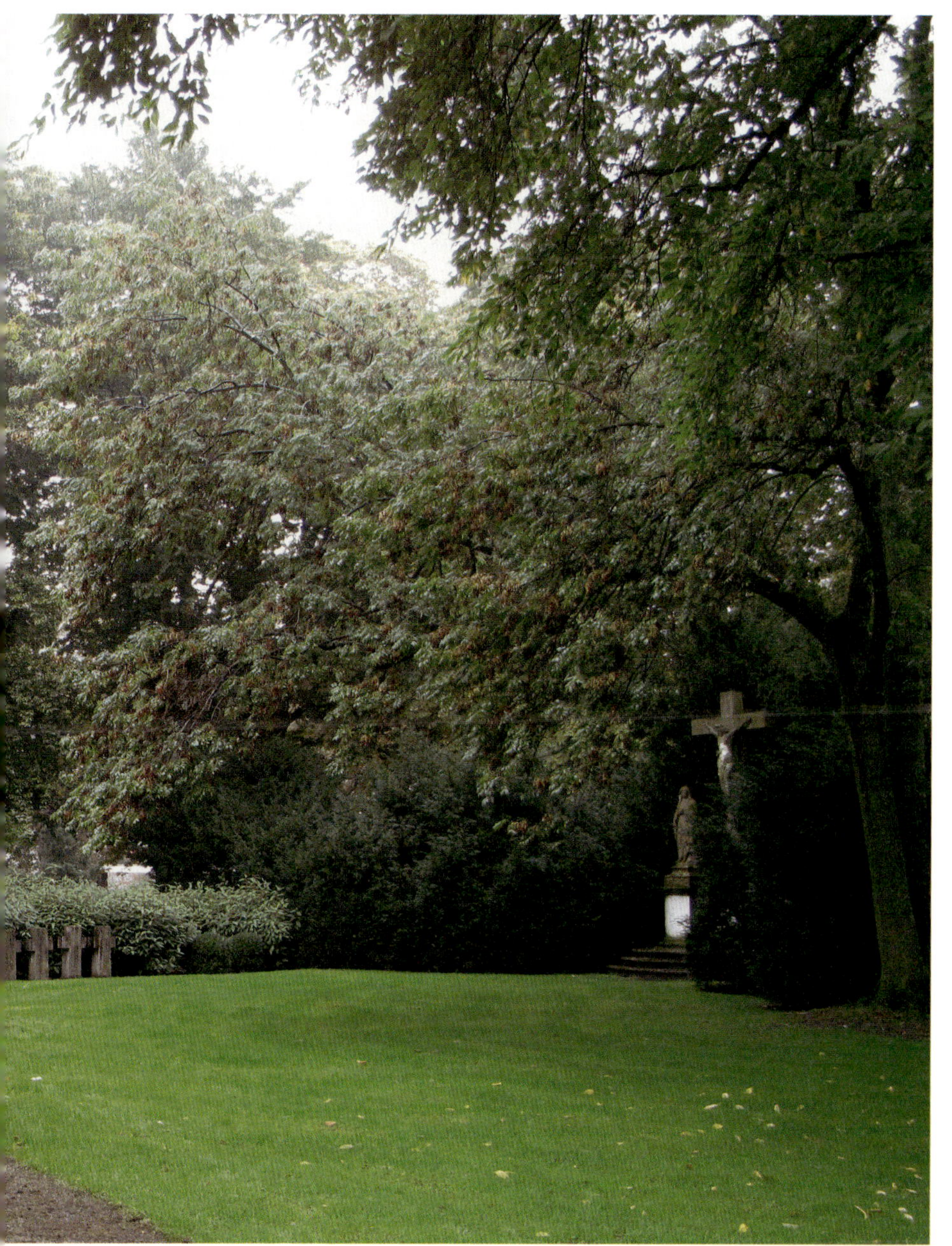

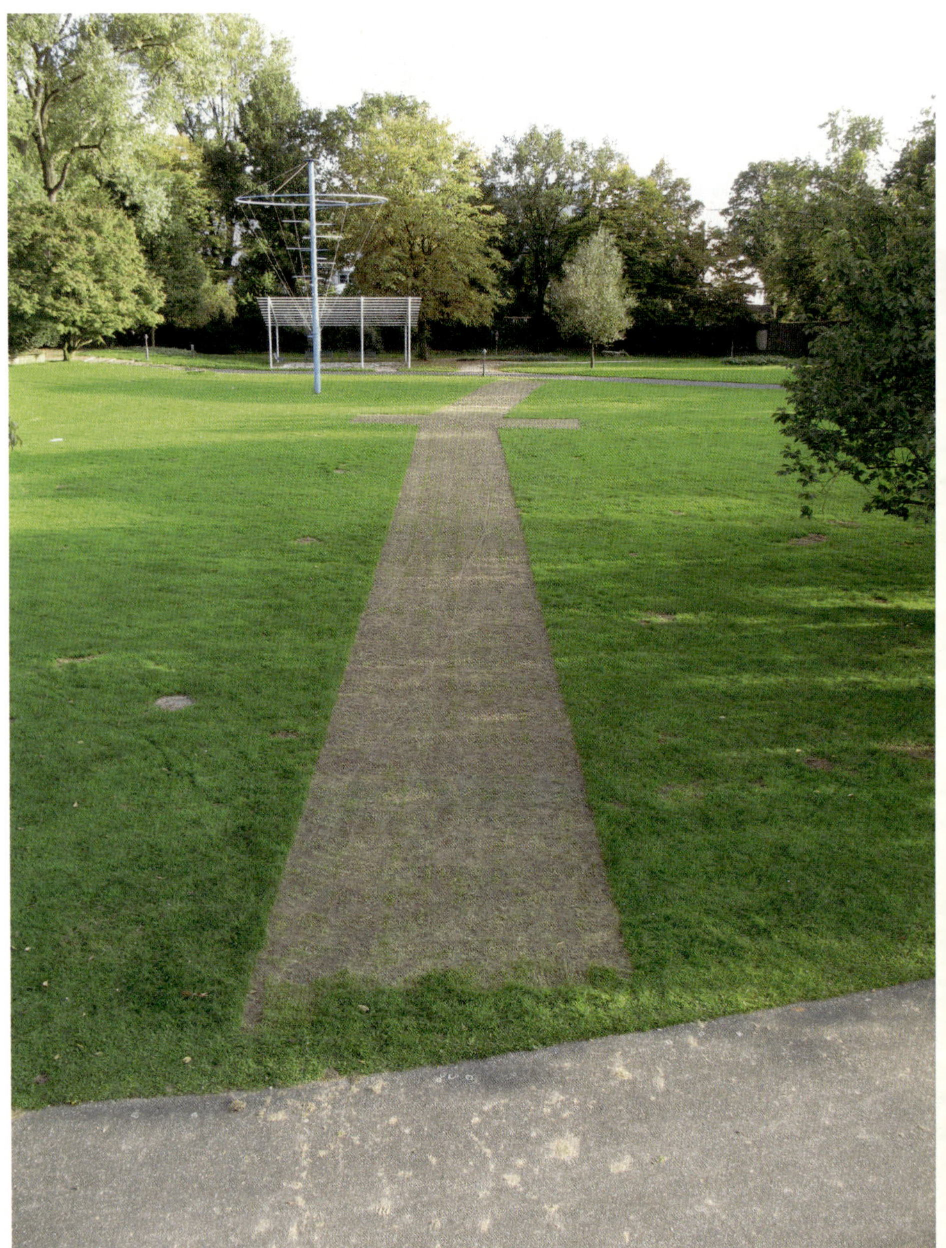

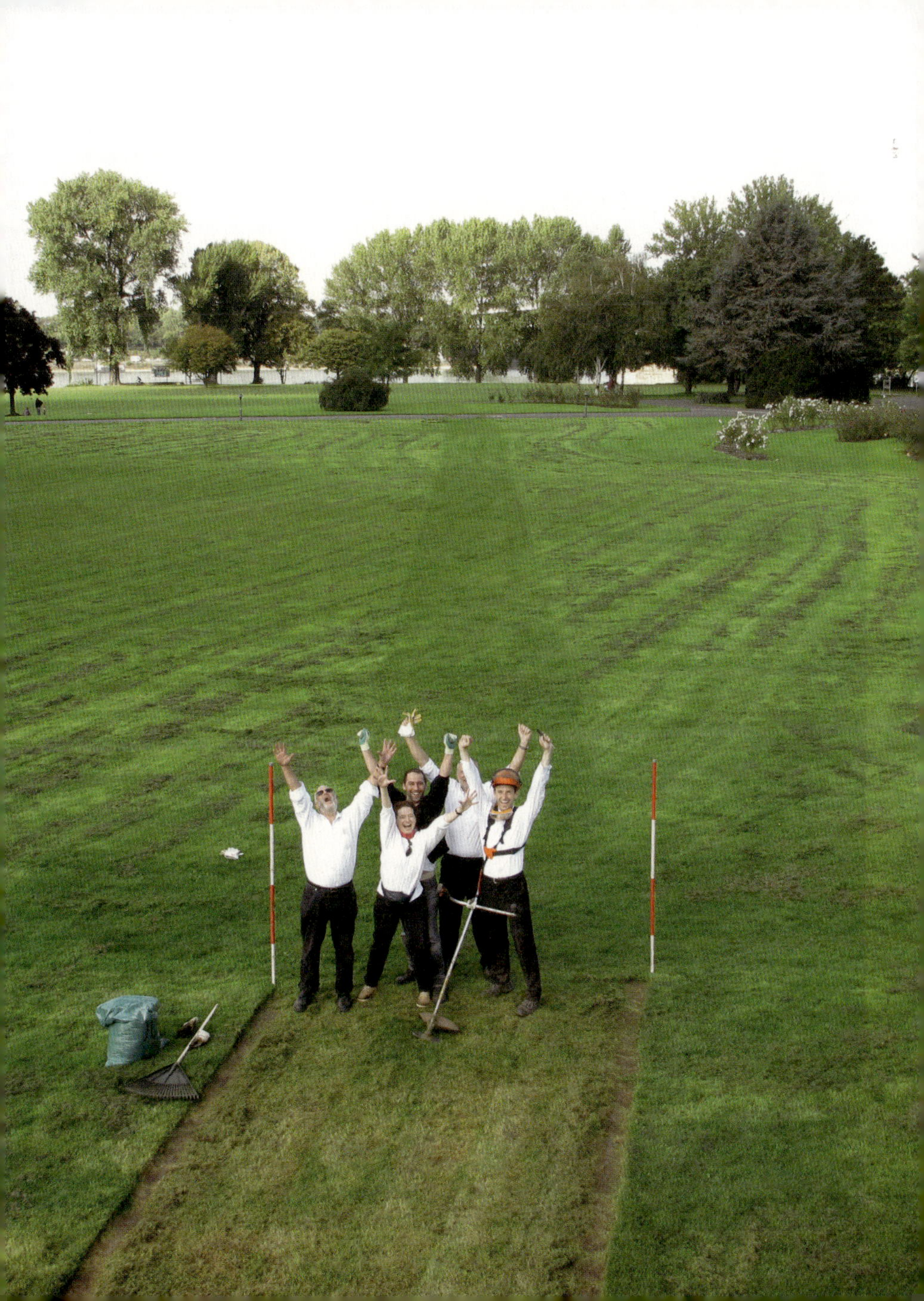

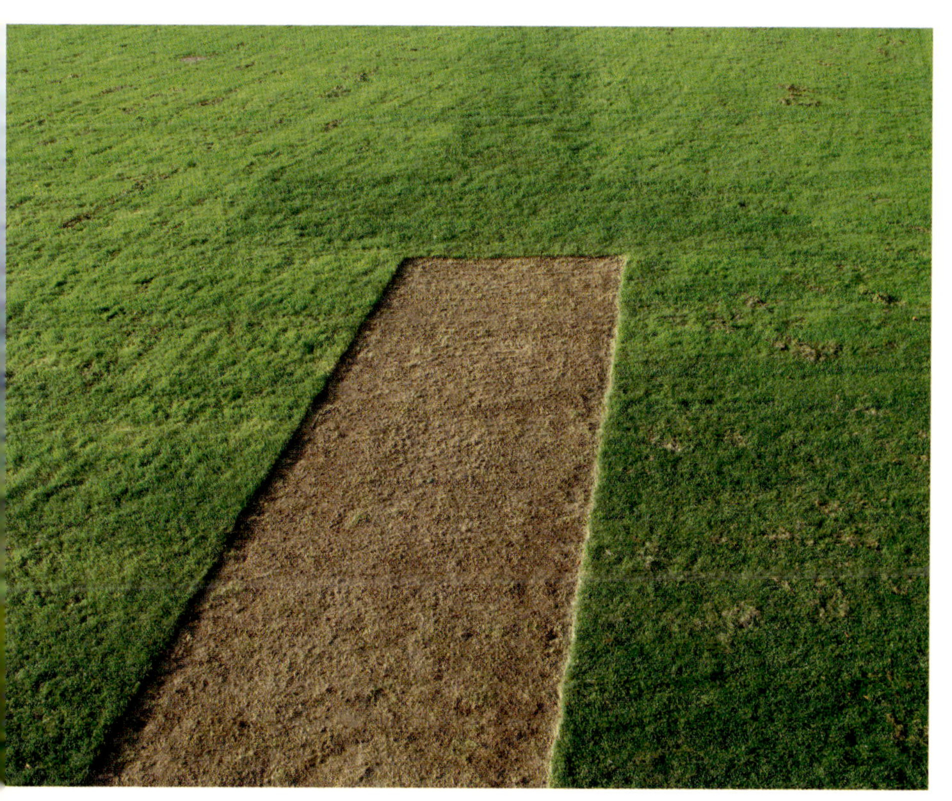

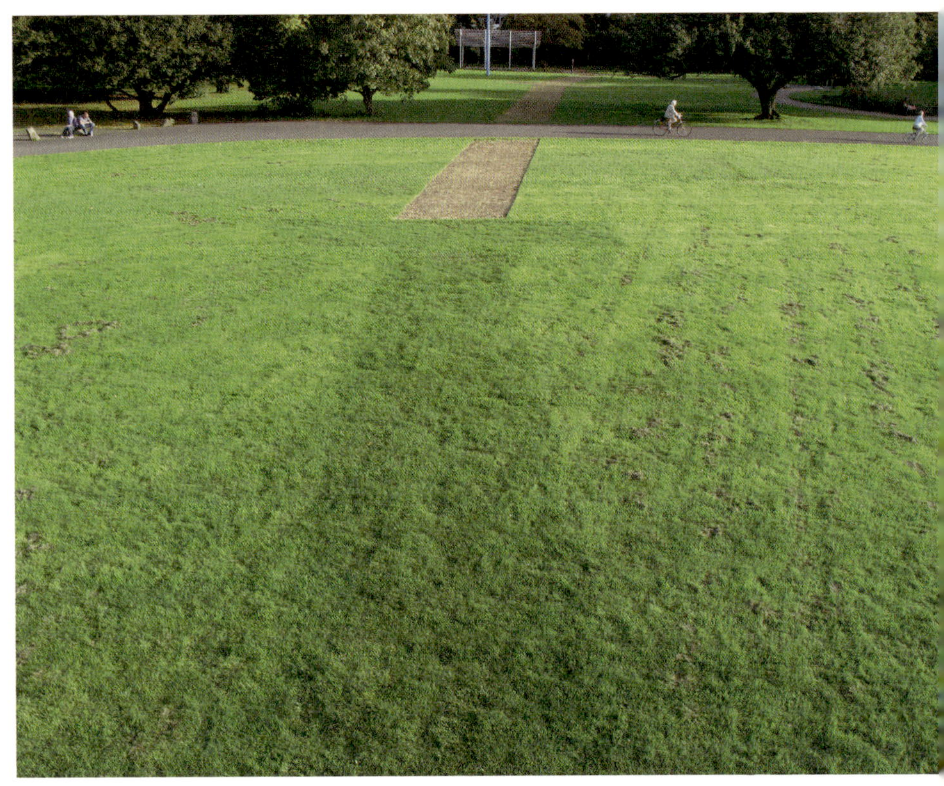

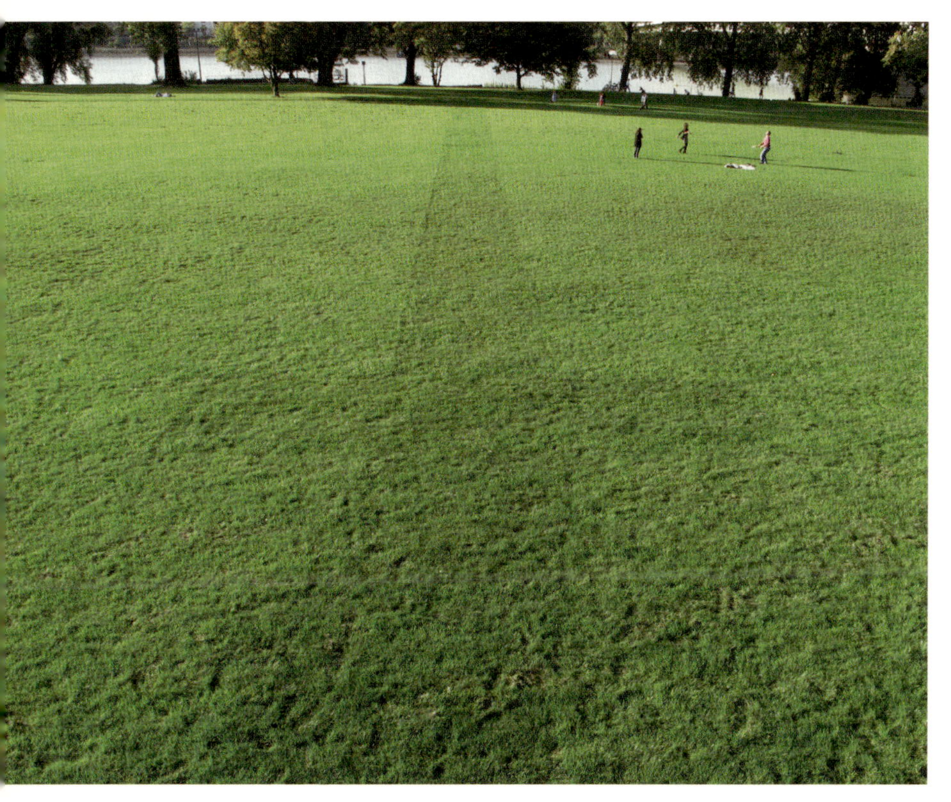

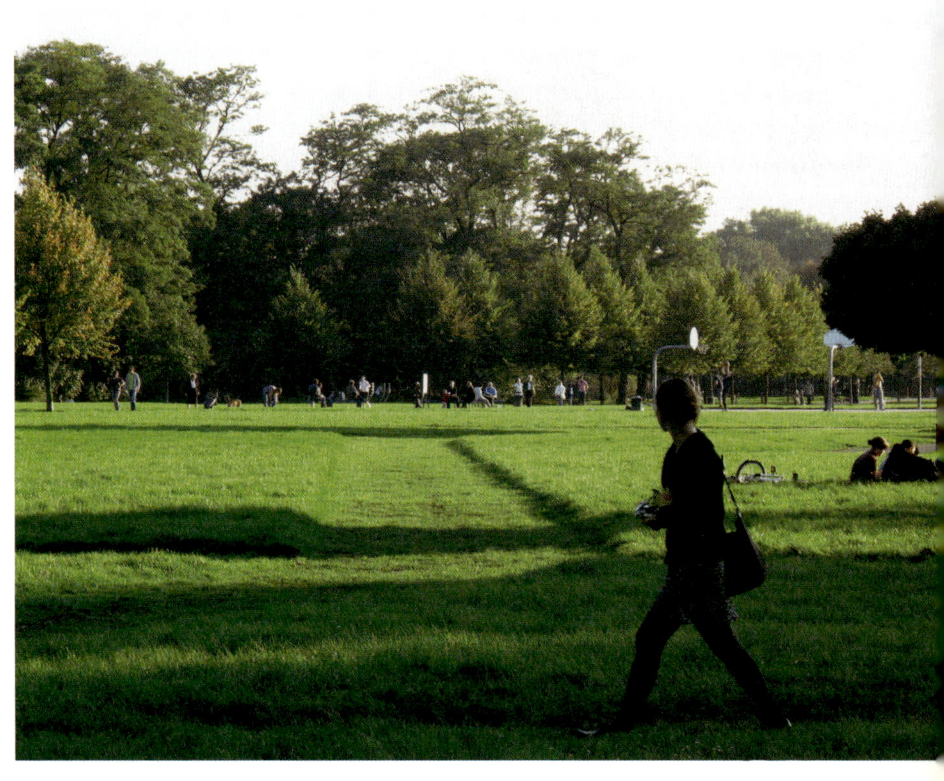

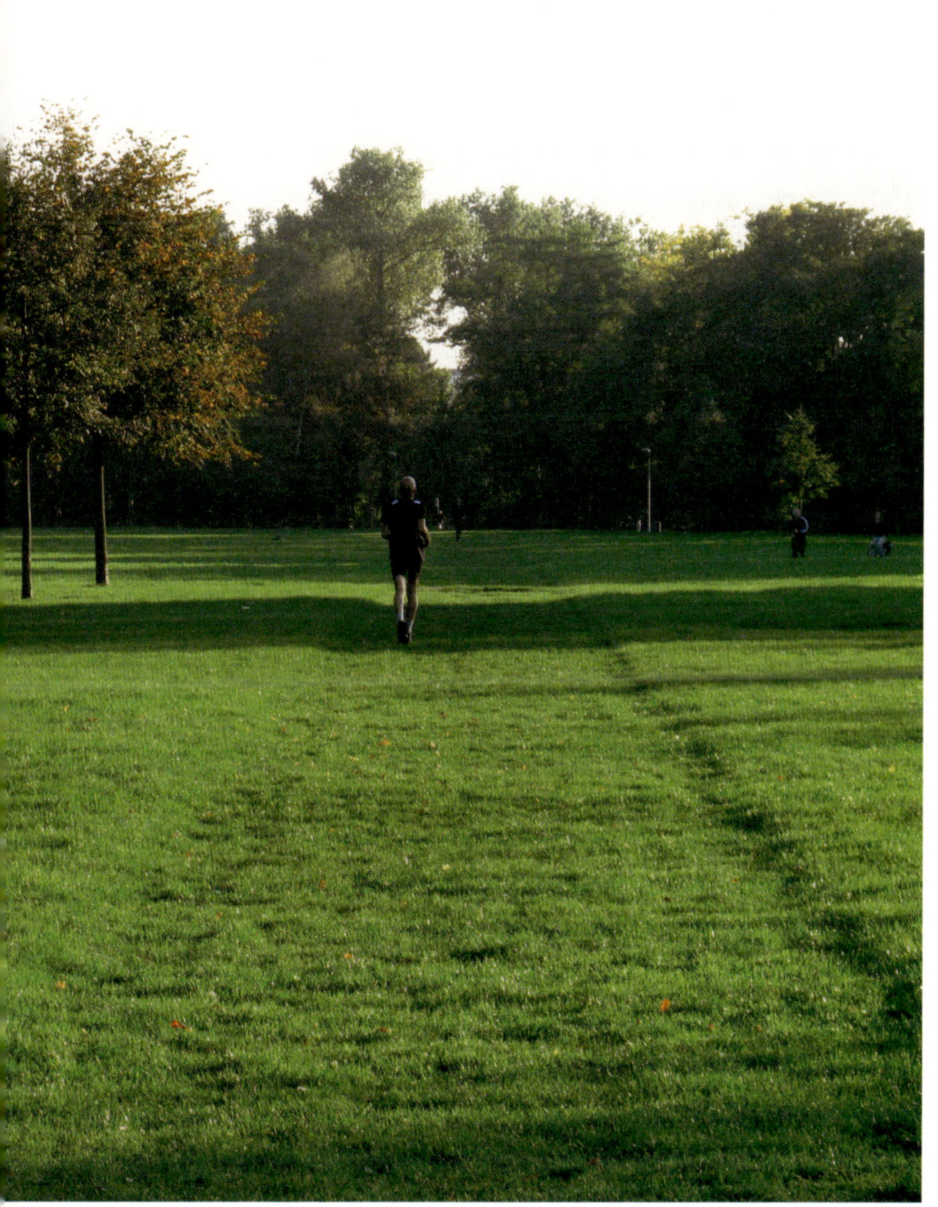

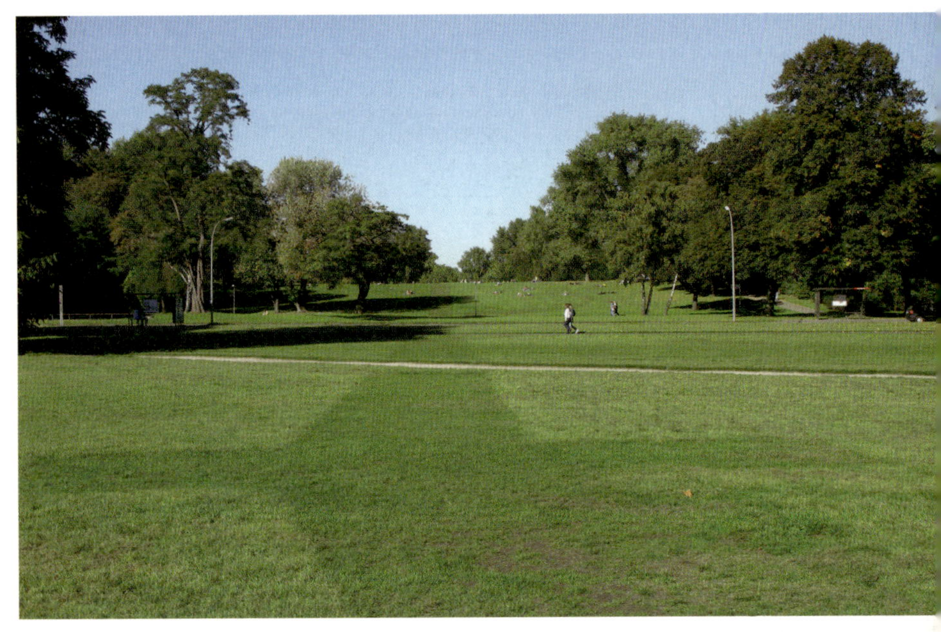

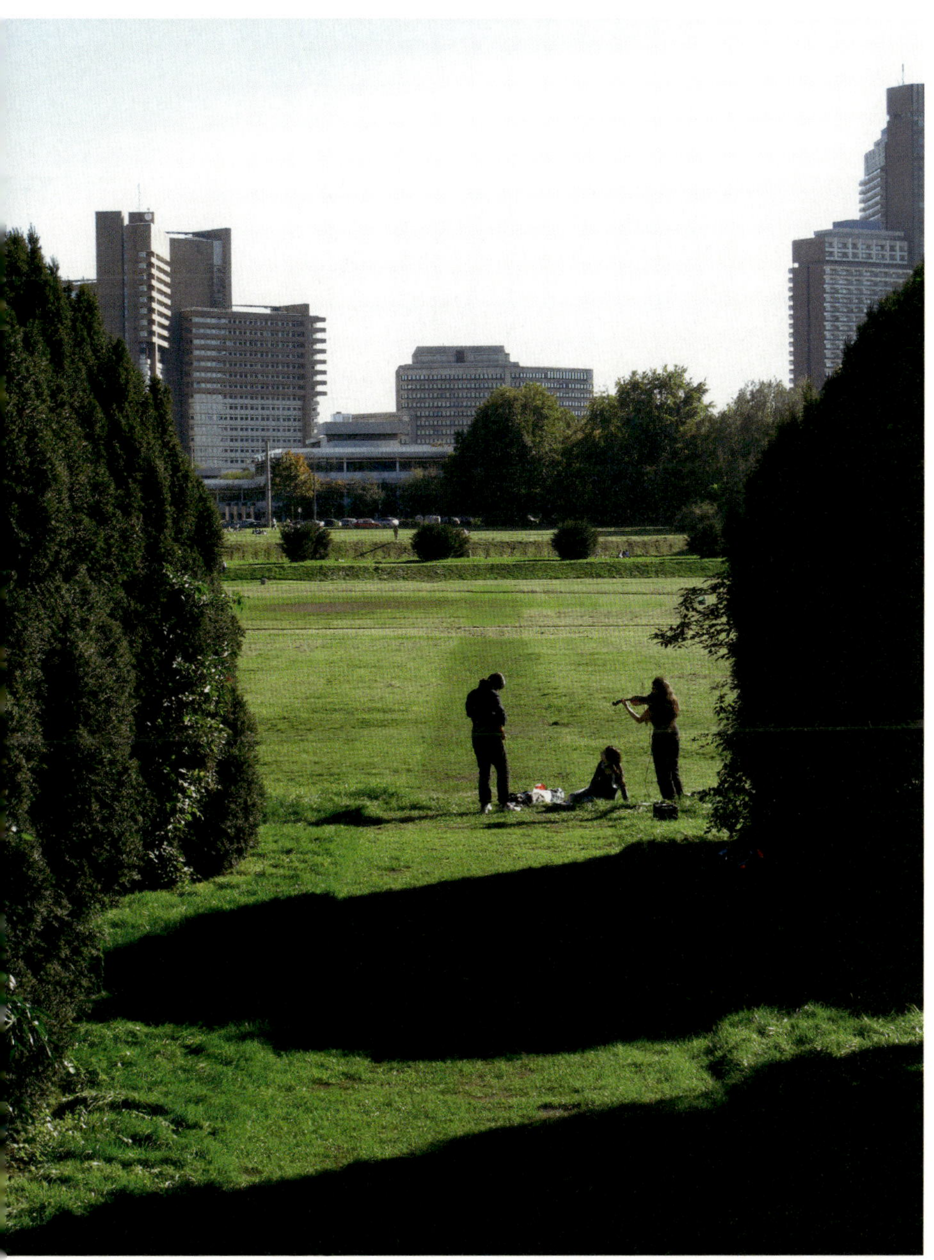

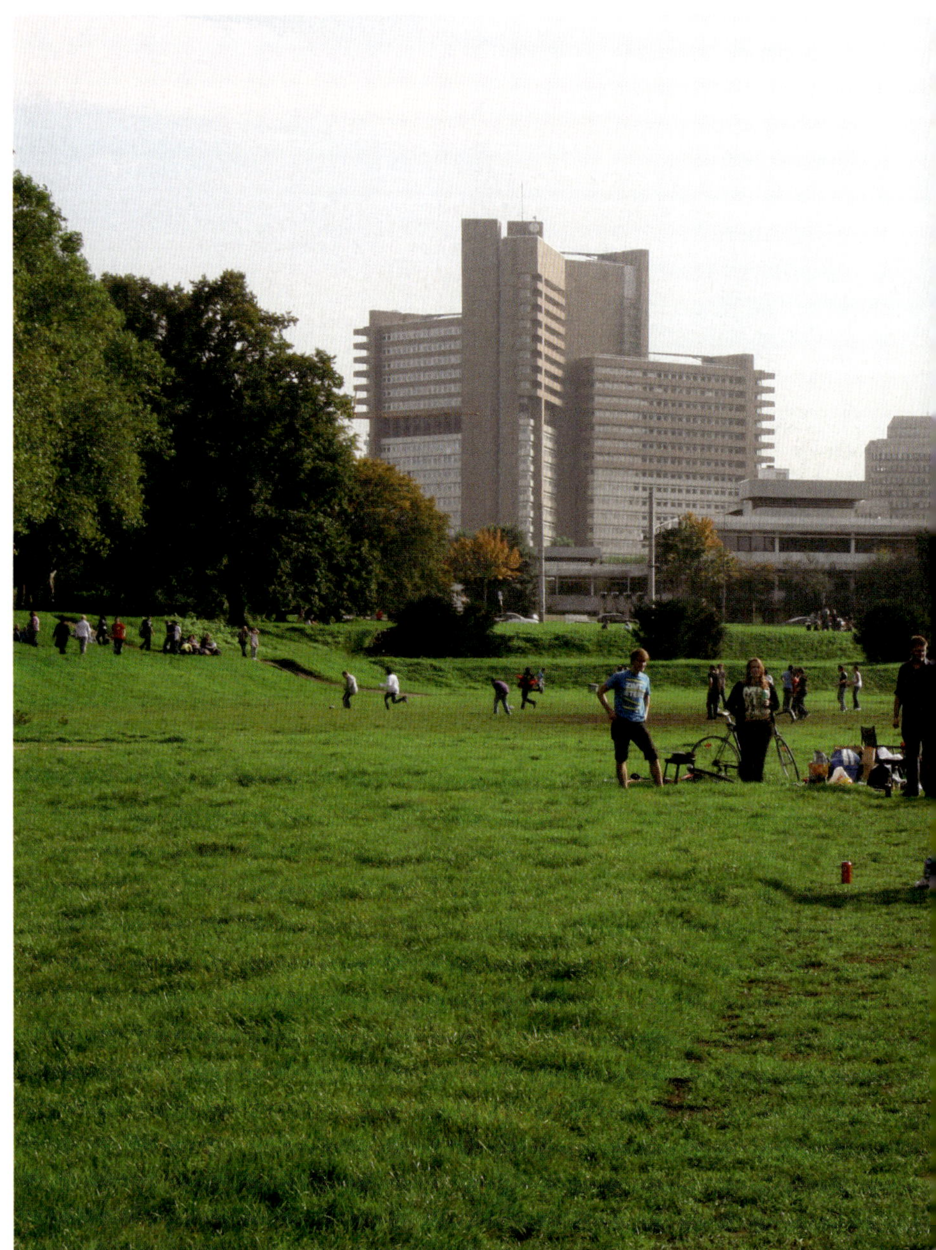

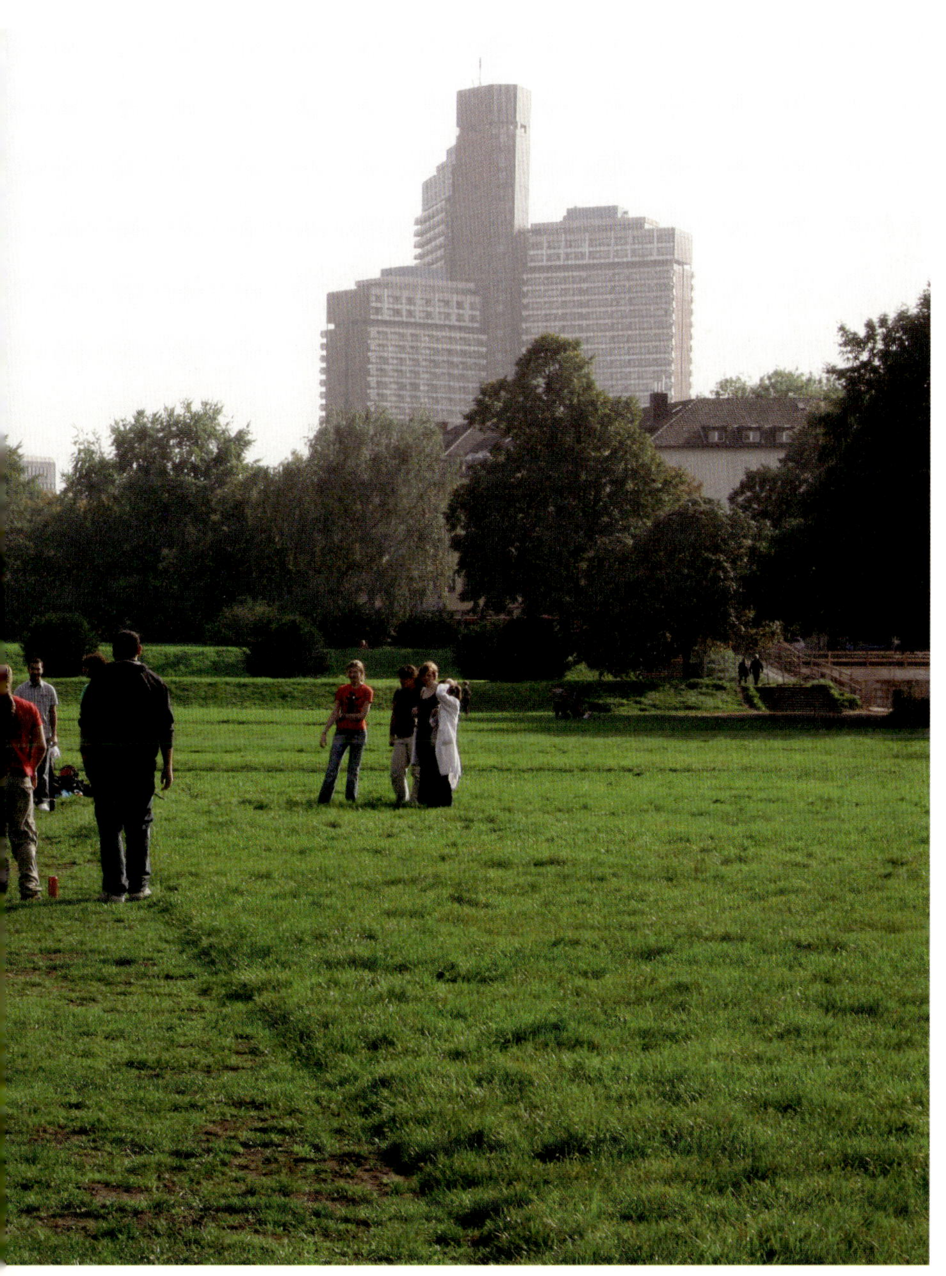

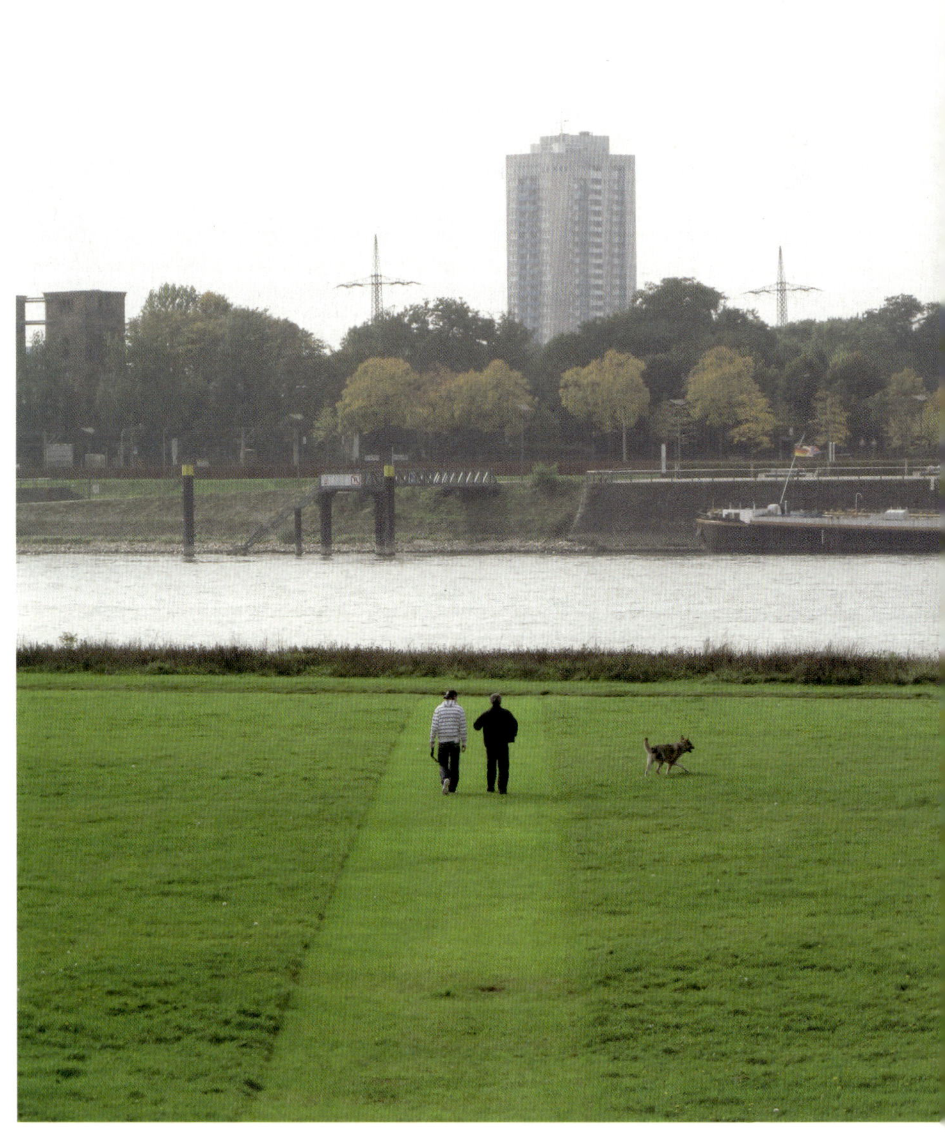

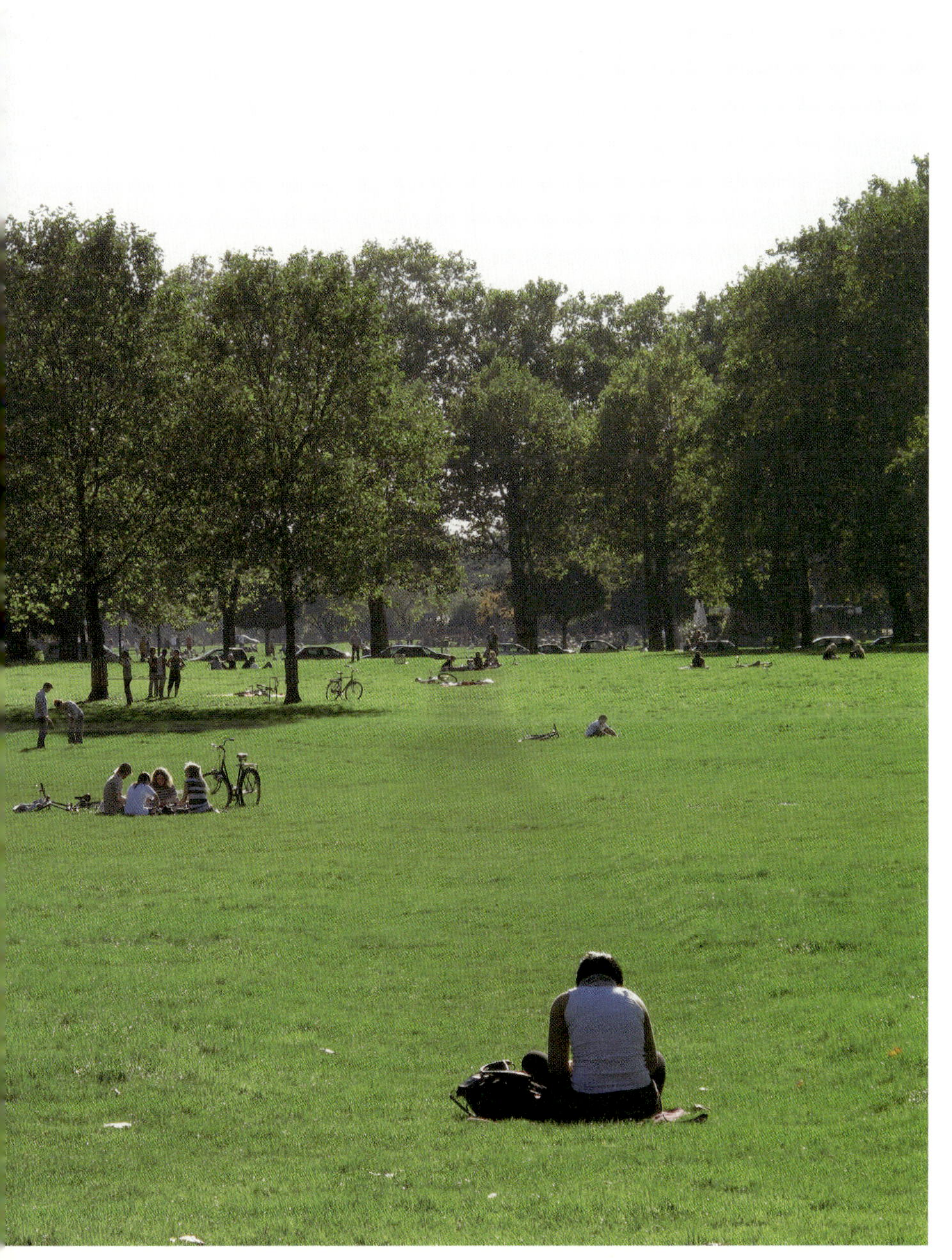

ralf witthaus

1973	geboren in Bad Oeynhausen; aufgewachsen in Löhne
1994–2001	Studium Kunst und Gestaltung an den Hochschulen: FH Bielefeld (FB Design), AKI Enschede, NL (Kunst im öffentlichen Raum), KHB Berlin (Skulptur, Prof. Inge Mahn), HAW Hamburg (FB Gestaltung)
2007–2011	Masterstudium Internationales Kunstmanagement am CIAM – Zentrum für Internationales Kunstmanagement - der Hochschulen HfM und KHM Köln und der KA Düsseldorf

1973	born in Bad Oeynhausen
1994–2001	studied art and design at the Applied Universities of Bielefeld (faculty of design), AKI Enschede, NL (monumental art), KHB Berlin (sculpturing, Prof. Inge Mahn), HAW Hamburg (faculty of design)
2007–2011	Master's in International Art Management at the CIAM – Center for International Arts Management – of the Kunstakademie Düsseldorf, the University of Music Düsseldorf, the Cologne University of Music and Dance and the Academy of Media Arts Cologne

Rasenmäherzeichnungen
Lawnmower Drawings

2010
- „Die Bundesrasenschau", Innerer Grüngürtel, Köln, S./p. 33
- „Qualitätsnachweis", Bundeskunsthalle Bonn, S./p. 12
- „Kunstweg Veghel", NL, S./p. 123

2009
- „Die Nummer", Schweriner Pfaffenteich
- „Vortrieb, oder: Das Aquatile Denkmal",
  Wiesentälchen, Bochum
- „Das Rhythmische Denkmal", Hansering Halle, S./p. 13

2008
- „Ornamental Farm", Müschpark Aachen, S./p. 12
- „Das Richard-Wagner-Denkmal, oder: das Leipziger
  Festspielhaus", Richard-Wagner-Hain, Leipzig, S./p. 10

2007
- „Die große Karlsruher Sonnenuhr, oder:
  Die Welt ist eine Scheibe", Karlsruher Schloss, S./p. 10
- „Die Ausgrabung", Oberes Schloss Siegen
- „Der Städelsche Sicherheitsabstand", Städel, Frankfurt
- „Il fait beau", Park Azille, France
- „Lückenschluß", Investorenwiese Löhne

2006

- „Denkmal zu Hause", Stadtpark Mannheim/Luisenpark
- „Streckenabschnitt Vorgebirgspark", Köln, S./p. 8
- „JaJaJaJaJa – NeNeNeNeNe", Schloss Burgau, Düren
- „Das Freundschaftsspiel", Bürgerpark Het Oude Westen,
  Rotterdam, NL
- „Lob der Berge", Deponieberg an der Alten Weberei, Nordhorn, S./p. 10
- „Schöne Aussicht", Garten der Galerie Lutz Rohs, Düren

2005

- „Billy, Expedit und Fenja, oder: Wonnen der Gewöhnlichkeit",
  Garten der Fuhrwerkswaage, Köln
- „Der Eintritt ist bei uns frei", Alte Burg, Apenburg/Altmark
- „Egggarden", Comme ci comme ça III, Üxheim/Eifel
- „Leipziger Skulpturenpark", Promenadenring Leipzig
- „Fernsteuer – Denkmal für den verlorenen Sohn", Seethen/Altmark

2004

- „Die Spiegelarbeit", Bürgerpark Bielefeld
- „Grüner Grund", Münster
- „Oberfinanzdirektion", Münster
- „Schlossplatz", Schloss Münster
- „Dechaneischanze", Münster

2003

- „Parzellieren, oder: Großzeichnen", Bürgerpark Pankow, Berlin

2002

- „Kunstrasensommer Salzwedel"

2000

- „Tschechisches Auto", Kulturni Cenrum Rehlovice, CZ

1998–2002

- Erdmodellierung „Die Liegende", Konversionsfläche Werl/NRW

1998

- „Schwalben", LandArt Symposium, Manikovice, CZ

2010

- Bundesrasenschau, Köln (E)
- Bundeskunsthalle, Echoraum, Bonn (G/R)
- Galerie 61, Bielefeld (E)
- Galerie im Tulla, Mannheim (E/K)
- Kunstverein Gelsenkirchen, (G)
- kommen Sie nach Hause 11, Köln, (G)
- Landkunst voor Veghels Buiten,
  Veghel, NL (E)
- Stimulart Salon Trier (E/K)

2009

- archcouture Galerie für zeitgenös-
  sischen Raum, Halle (G/R/K)
- BBK Köln (G)
- galerie Januar, Bochum (E/R)
- Kunstverein Schwerin (E/R)
- kommen Sie nach Hause 9, Berlin (G)
- Landkunst voor Veghels Buiten,
  Veghel, NL (G)
- Moltkerei Werkstatt, Köln (G)
- Museum für verwandte Kunst, Köln (G)

2008

- IHK Köln (E)
- Kunstraum Rampe, Bielefeld (G)
- Kunstverein Leipzig (E/R/K)
- Museum für verwandte Kunst, Köln (G)
- Nürnberger Kunsthalle,
  Projektraum, gras wächst (G)
- Temporäre Gärten Aachen (G/R)

2007

- artemiade, Galerie ARTicle Köln (G)
- Ausstellungsraum Jürgen Bahr, Köln (E)
- Galerie Artis Vita, Azille, F (G/R)
- Galerie in der Werretalhalle, Löhne (E/R)
- Galerie Lutz Rohs, Düren (G)
- Kunstraum Rampe, Bielefeld (G)
- Kunstverein Siegen, Galerie S (E/R)
- Lange Nacht der Kunst/Neue
  Westfälische, Gütersloh (E)
- Mönchskirche Salzwedel (G)
- Plattform V8, Karlsruhe (E/R)

2006

- aquamediale, Lübben (G/K)
- Goethe-Institut Rotterdam, NL (E/R)
- Galerie Lutz Rohs, Düren (G/R)
- Galerie im Tulla, Mannheim (G)
- Luisenpark Mannheim (E/R)
- Städt. Galerie Nordhorn (E/R)
- Vorgebirgspark Skulptur, Köln (G/R/K)

2005

- Ausstellungsraum Jürgen Bahr, Köln (G)
- Comme ci comme ça III, Üxheim/ Eifel (G/R)
- Fuhrwerkswaage Kunstraum, Köln (G/R/K)
- Kunstraum Rampe, Bielefeld (G)
- Museum für verwandte Kunst, Köln (G)
- zwischengrün, Kunstverein Leipzig (G/R)

2004

- Ausstellungsraum Jürgen Bahr, Köln (G)
- Galerie ARTicle Köln (G)
- Galerie 61, Bielefeld (E)
- Korbmacher-Museum Dalhausen (G)
- Oberfinanzdirektion Münster (E/R/K)

(E) Einzelausstellung | Solo Exhibition
(G) Gruppenausstellung | Group Exhibition
(R) Rasenmäherzeichnung | Lawnmower Drawing
(K) Katalog | Catalog

‣ Kunstweg Veghel, NL, 2010

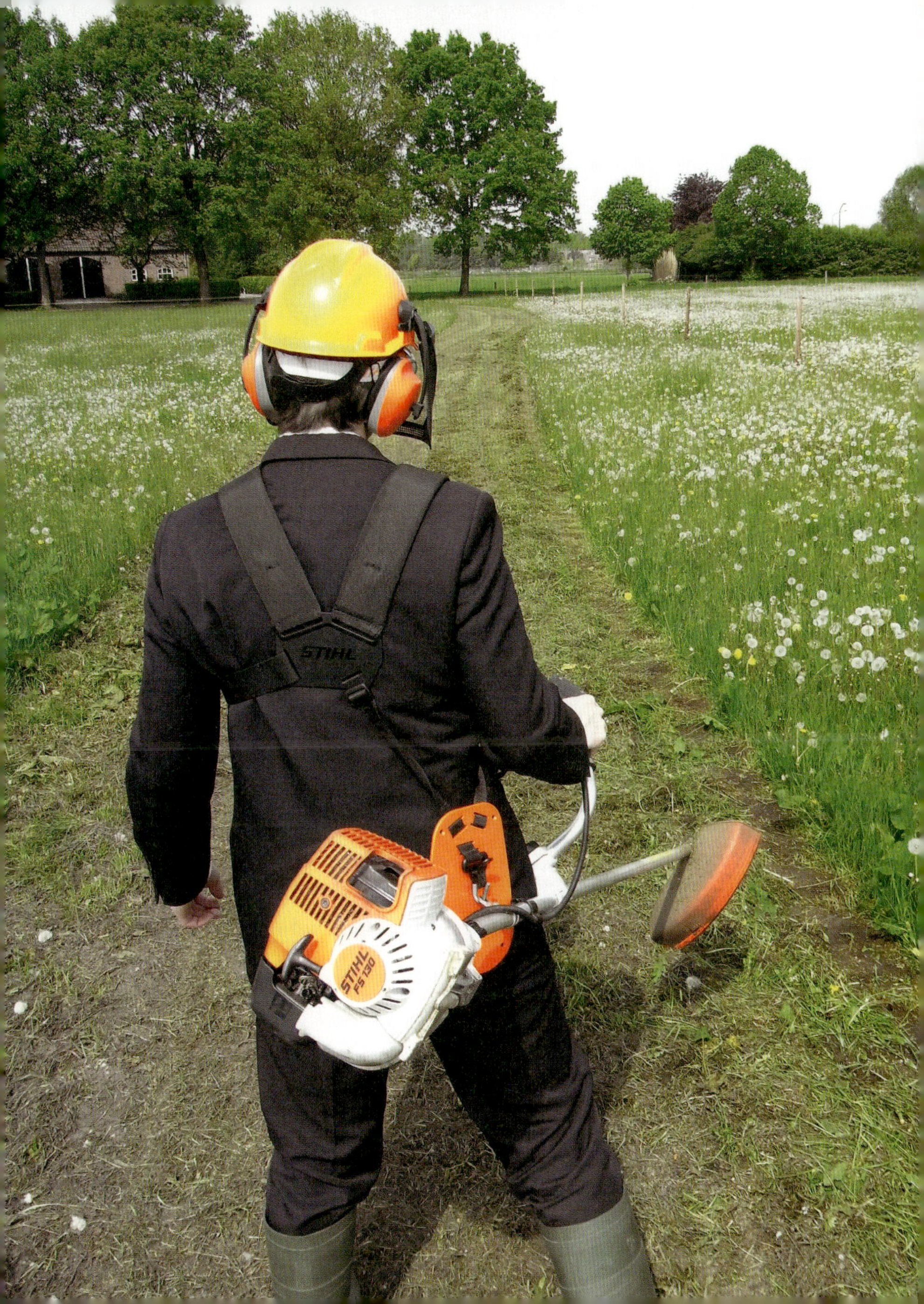

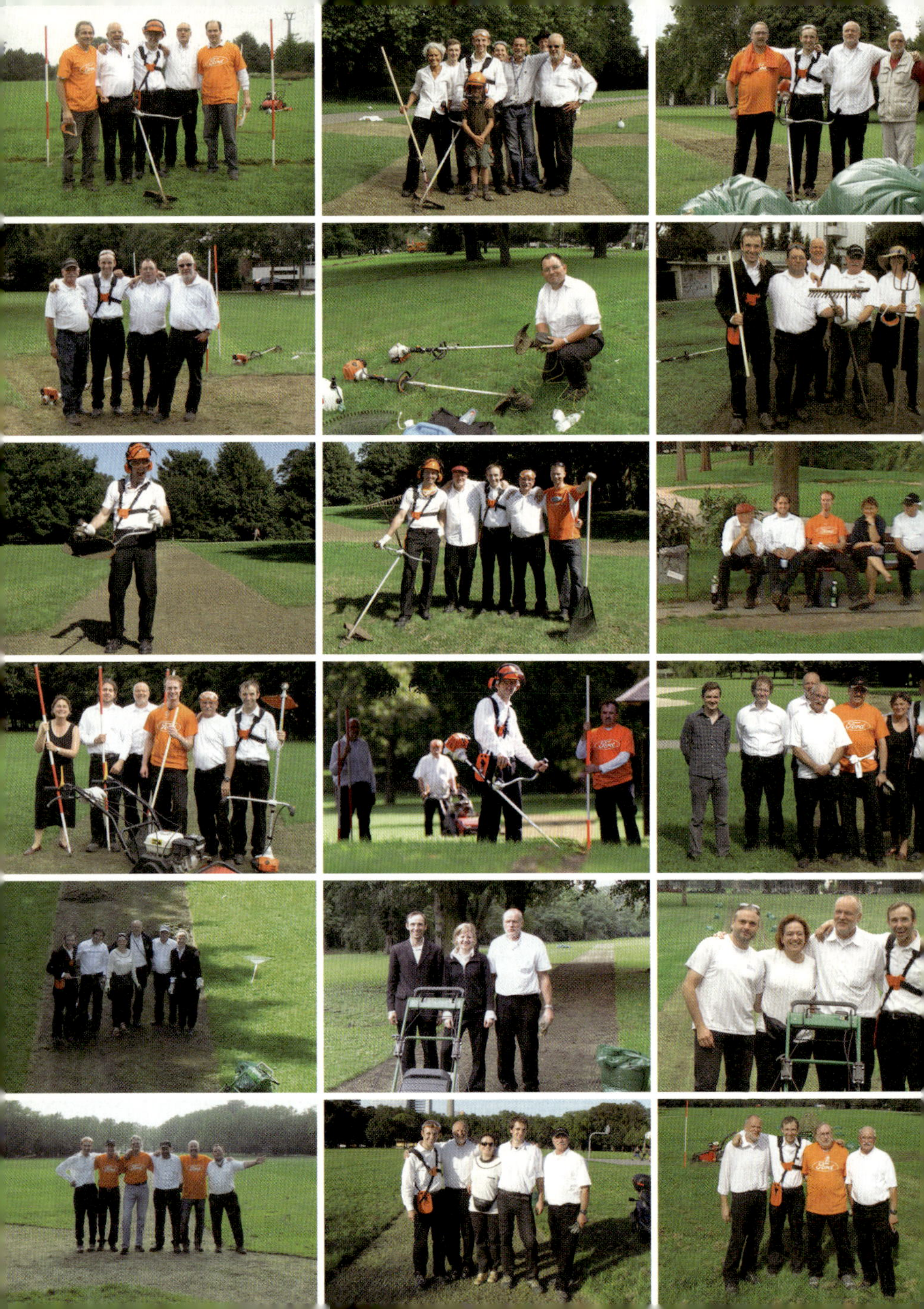

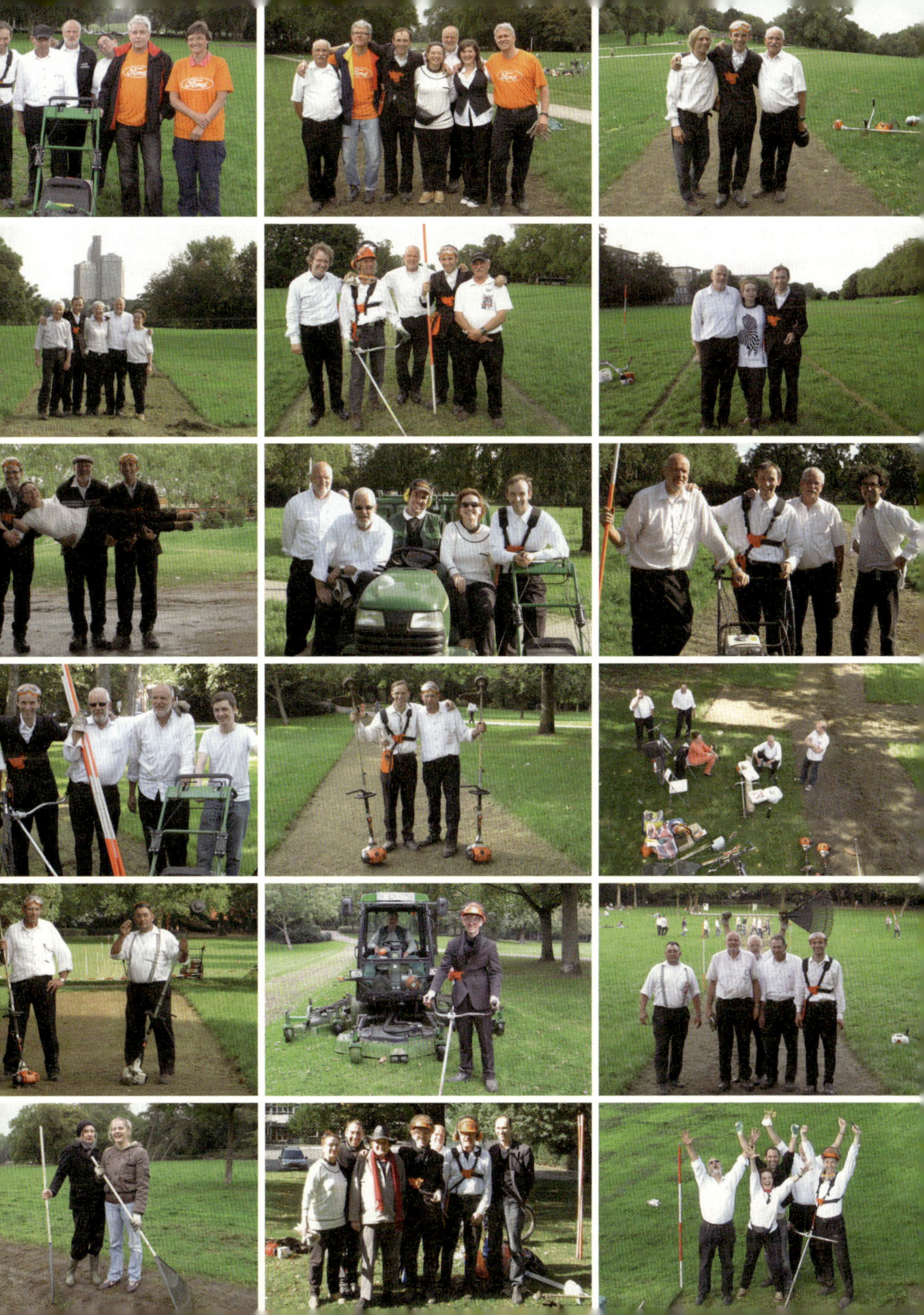

ralf witthaus dankt besonders | especially thanks

Wolfgang Aldag
Peter Backhof
Jürgen Bahr
Hans-Werner Bartsch
Joachim Bauer
Ute Becker
Werner Becker
Marianne Behechti
Michael Berninger
Helmut Blees
Herr Böckmann
Jörg Böhnk
Stefan Brams
Stephan Brenn
Herr Breuer
Claudia Maria Brinker
Philipp Buhl
Georg Busse
Beatrice Bülter
Oliver Dahmen
Klaus Dauven
Ullrich de Fries
Willem de Lange
Ralf Deters
Marcel Dittrich
Christiane Dinges
Désirée Dreyer
Marion Dueball
Sandra Ebert
Hannah Egbringhoff
Wolfgang Ende

Birgitt Euting
Jenny Ewert
Barbara Foerster
Gerrit Frerich
Andreas Fritzen
Karl & Uschi Fuck
Max Gäde
Marion Geisler
Rolf Gerhards
Dr. Renate Goldmann
Gérard Goodrow
Kristin Grundmann
Ulli Hammer
Oliver Hardes
Rolf Dieter Hausmann
Ertay Hayit
Sabine Heinrich
Marcel Heins
Johanna Heller
Herr Heller
Wolfgang Hennig
Hans Hesse
Jochen Heufelder
Christian Heufelder
Georg Hillebrandt
Frau Hoffmann
Frank & Heiner Hussong
Hüseyin Isik
Daniel Janko
Jürgen Keimer
Kay von Keitz

Rainer Kiel
Lars Klein
Stefanie Klingemann
Prof. Jürgen Knabe
Franz Kohne
Gerhard Kolberg
Réka Konovaloff
Tobias Kraft
Andreas Krieger
Frau Krümmel
Doris & Theo Kugel
Kinka Kuhlmann
Claudia Kunzmann
Herr Kurscheid
Daniel Kuschewski
Frau Küster
Doro Lanc
Herr Lengert
Herr Lier
Familie Limburg
Stefan Ludmann
Christian Lux
David Maas
Anne Mager
Brigitte Mager
Ulf Mattinger
Sandra Meinders
Guido Mews
Markus Mitschke
Peter Moers
Joerg Monecke

Förderer

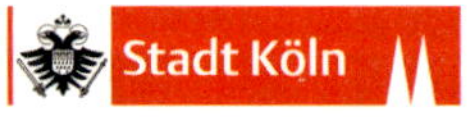

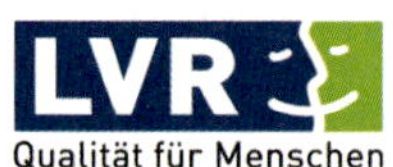

Projektpartner

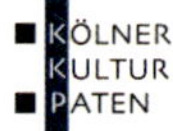

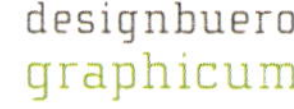

Reinhard Muck

Monika & Josef Muether

Ute Mundolf

Dominik Mülhaupt

Andreas Frank Müller

Biggi Müller

Dr. Sabine Müller

Familie Müller

Manoel Nunes

Berthold Ostfalk

Rebecca Otten

Claudia Padtberg

Michael Palm

Stefan Palm

Maja Peters

Katrin Petry

Bernd Picker

Yvonne Placzek

Bojana & Peter Plümpe

Elke Purpus

Georg Quander

Bernhard Reddig

Annette Reichardt

Herr Renner

Marion Ritter

Katharina Rohn

Brigitte Rönn

Hans Otto Runkler

Kerstin Ruskowski

Mark Sboron

Peter Schelenz

Barbara & Peter Schmid

Angelika Schmitten

Marc Schmitz

Rudolf Schmitz

Julja Schneider

Thomas Schneider

Christopher Schroer

Esther Schröder

Ulrich Soénius

Uwe Sommer

Yvonne Stephan

Christian Stiesch

Familie Stoffel

Bernd Streitberger

Robert Strube

Christian Theis

Gerarda Theisen

Albrecht Thomas

Herr Tiefenbach

Gudrun Velten

Sabine Voggenreiter

Ole Wackermann

Bettina Waldau

Emmanuel Walderdorf

Thomas Walldorf

Peter Waltenberg

Michael Walter

Franz-Josef Weber

Christian Wendling

Martine &

Jürgen Weghmann

Addi Wetzel

Rainer Wiebe

Rayk Wieland

Gerd Winkler

Helge Winter

Anja Winterscheidt

Michael Witthaus

Karin & Siegbert Witthaus

Dieter Wolf

Artothek Köln

Gölz Motorgeräte

Museum für

Ostasiatische Kunst

RheinEnergie AG

Steuerbüro Lux

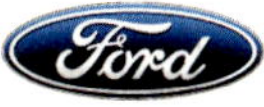
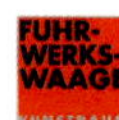
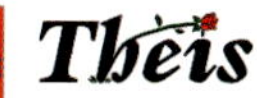
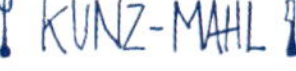
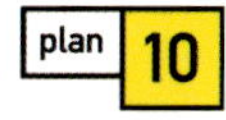
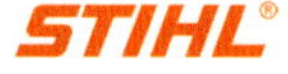
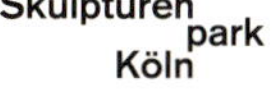

impressum | imprint

Konzept | Concept
Christopher Schroer, Ralf Witthaus

Fotografie | Photography
Heiko Breckwold: S. 10 Abb. 2; Oliver Hardes:
S. 88 - 91, 93; David Maas: S. 34, S. 100, S. 101,
S. 114/115; Frank-Heinrich Müller: S. 10 Abb. 3;
Manoel Nunes: S. 8; Michael Palm: S. 62,
S. 66/67, S. 76, S. 83, S. 94 – 95, S. 124 Abb. 11;
Yvonne Placzek: S. 125 Abb.14; Christian Theis:
S. 92; Rainer Wiebe: S. 77, S. 80/81; Unbekannt:
S.124 Abb. 1,2,3,4,6,8; Ralf Witthaus/VG Bild-
Kunst: Titelbild/Rückseite/Vorsatz, S. 6, S. 10
Abb. 1, S. 12 Abb. 1 + 2, S. 13, S. 32/33, S.35 – 61,
S. 63 – 65, S. 68 (Collage), S.69 - 72, S.73
(Collage), S.74 + 75, S. 78 + 79, S. 82, S. 84 – 87,
S. 96 – 99, S. 102 + 113, S. 116 – 123, alle weiteren
von S. 124, S. 125

Übersetzung | Translation
Uta Hoffmann

Lektorat | Copy editing
Holger Konrad, Robin Summerville

Gestaltung | Design
Christopher Schroer

Lithografie | Lithography
Gundula Seraphin

Druck | Printing
Druck & Grafik Siebel

Erschienen bei | Published by
DIE NEUE SACHLICHKEIT
www.neue-sachlichkeit.com

**Bibliografische Information der
Deutschen Nationalbibliothek**
Die Deutsche Nationalbibliothek verzeichnet
diese Publikation in der Deutschen National-
bibliografie; detaillierte bibliografische Daten
sind im Internet über http://dnb.d-nb.de
abrufbar.

ISBN 978-3-942139-06-9
Printed in Germany, 1. Auflage 01/2011

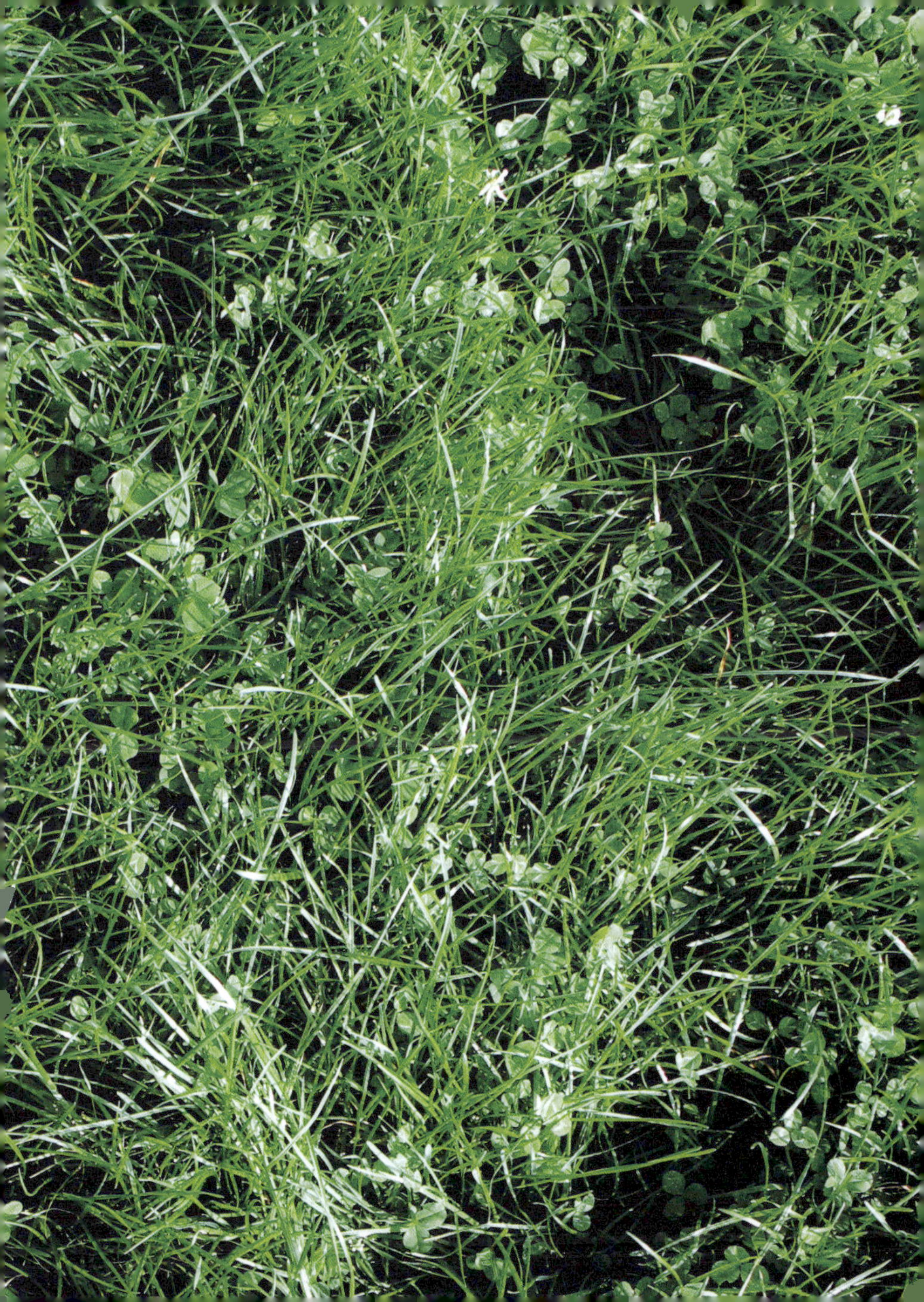

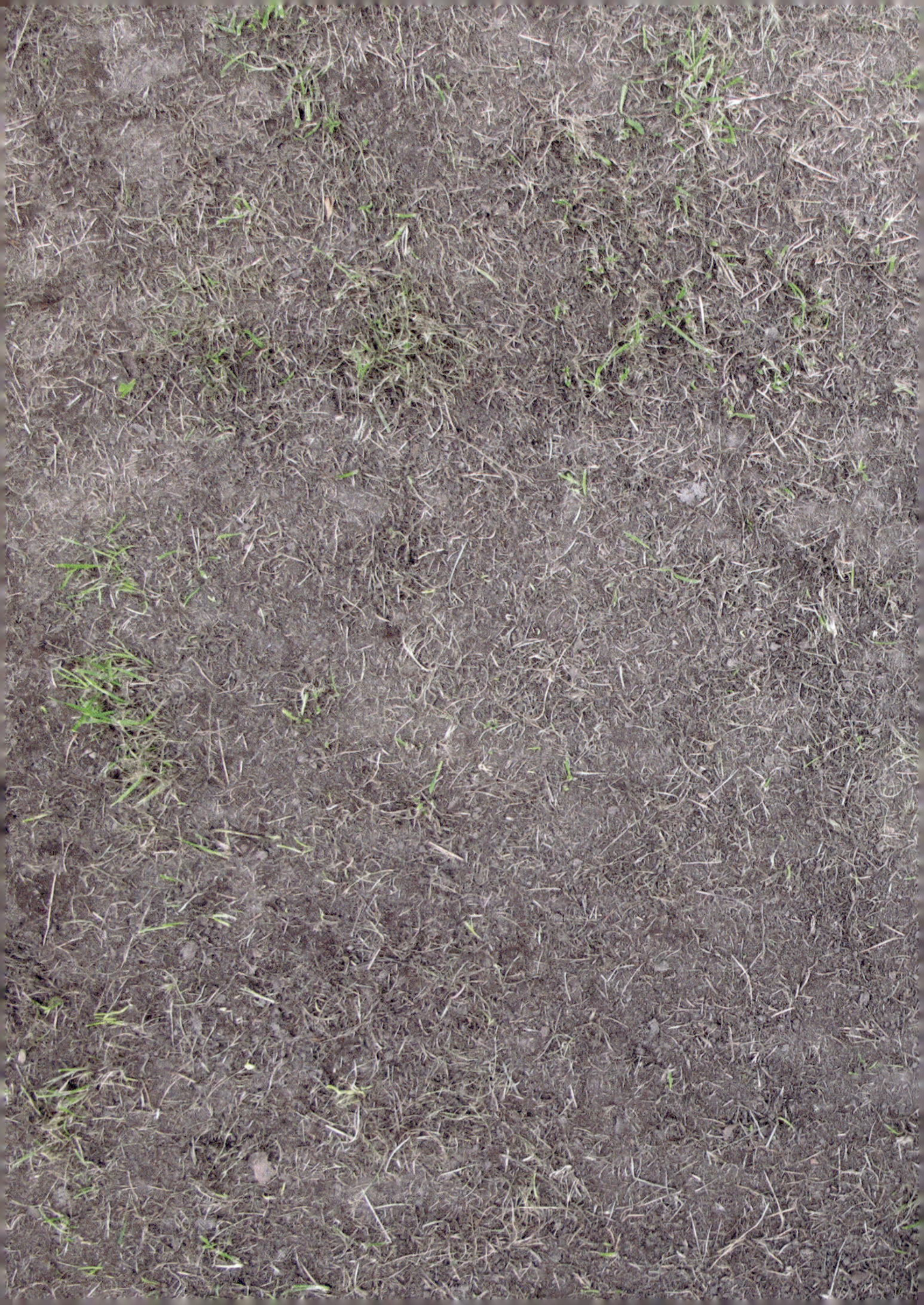